Harald Braem · Der Kojote im Vulkan

La Palma

Teneriffa

Gomera

El Hierro

Lanzarote

Gran
Canaria

Fuerteventura

Der Autor Harald Braem reist und forscht seit vielen Jahren auf den Kanarischen Inseln. Nach „Tanausú, König der Guanchen" und „Auf den Spuren der Ureinwohner" ist dies sein drittes Buch über die Geschichte der Inseln. In der Reihe Kanaren-Thriller sind im Zech Verlag „Der Vulkanteufel" und „Tod im Barranco" erschienen.

Der Kojote im Vulkan

Harald Braem

Märchen und
Mythen von den
Kanarischen
Inseln

ZECH

Bibliografische Information:
Die Deutsche Nationalbibliothek verzeichnet diese Publikation in der Deutschen Nationalbibliografie; detaillierte bibliografische Daten sind im Internet abrufbar über http://dnb.dnb.de.

Der Kojote im Vulkan
Märchen und Mythen von den Kanarischen Inseln

Alle Rechte vorbehalten · *All rights reserved*
Copyright © 2013 Verlag Verena Zech, Santa Úrsula (Teneriffa)
Tel./Fax: (+34) 922 302596 · www.zech-verlag.com

Text: Harald Braem
Illustration und Umschlaggestaltung: Karin Tauer
Druck: Gráficas La Paz de Torredonjimenos
Dep. legal: J-198-2013
ISBN 978-84-938151-6-5
Printed in Spain

Inhalt

An Stelle eines Vorworts:
Wie die Kanarischen Inseln ihren Namen erhielten 11
Der Kojote im Vulkan 17
Der Regenbaum von Hierro 25
Regenzauber 28
Die Schlucht der Todesängste 34
Idafe 44
Die Eroberung von Teneriffa 53
Die Mutter aus dem Meer 69
Fuerteventura 65
Attidamana 71
Die Trauminsel 75
Die grausame Beatriz von Bobadilla 85
Die Hexenschlucht 97
Die Teufelsmauer 103
Wie die Pfeifsprache entstand 109
Die springenden Lanzen 116
Die heilige Quelle von Fuencaliente 123
Der Palmvogel 127
Wie der eitle Don Martínez einmal besonders gescheit
sein wollte und dennoch hereinfiel 135
Der Vulkanteufel 141
Die Drachenbäume 147
Erläuterungen 152

Wie die Kanarischen Inseln ihren Namen erhielten

Es gibt unterschiedliche Aussagen darüber, wie die Inselgruppe früher wirklich hieß und was ihr Name bedeutet. Zwei Erklärungen davon möchte ich nennen und ihr eine dritte gegenüberstellen – ein modernes Märchen, das vom typischen Humor der heutigen Einwohner geprägt ist. Hier nun die erste Erklärung, die am weitesten verbreitet ist und sich in nahezu allen Fachbüchern wiederfindet: Für die frühen Kulturen der Antike, die der Ägypter, Griechen und Römer, lag das Totenland, das Land, in das die Seelen der Verstorbenen zur ewigen Ruhe einzogen, stets im Westen, also dort, wo die Sonne untergeht. Die Sonne 'starb' im Westen, also musste dort auch das Eingangstor zur Unterwelt sein. Die keltischen Druiden sprachen von Tir-na-nog, den Inseln der ewigen Jugend, und machten sich in lederbespannten Kanus und schlanken Drachenbooten auf, sie zu suchen. Die Griechen legten ihre Friedhöfe, die sie 'Ne-kropolis' (Totenstadt) nannten, stets westlich ihrer Wohnplätze an, oft sogar auf vorgelagerten Inseln. Diese letzten Ruhestätten galten aber nur den sterblichen Hüllen; die Seelen indes, so glaubten sie, wurden von einem schweigsamen Fährmann (Charon) über ein graues Meer (Styx) hinweg ins Jenseits (Hades) gerudert, das auch die 'Elysischen Gefilde' oder die 'Inseln der Seligen' hieß.

Der Eingang dazu wurde von einem großen Hund, dem Cerberus, bewacht. Von einigen wenigen verwegenen Seefahrten abgesehen (Homer berichtet in den Heldentaten des Herakles davon), war der Atlantische Ozean eine riesige, unbekannte Wasserfläche. Also mussten sich dort, 'jenseits der Säulen des Herakles', im Westmeer die 'seligen Inseln' befinden. Die Kanaren waren also die Inseln des Jenseits.

Nun deutet die Vorsilbe 'can' bekanntlich im Lateinischen auf einen 'Hund' (canis) hin, und Hunde als Jenseitswächter oder -boten finden wir in der Mythologie der alten Völker allerorten. Bei den Ägyptern besaß der Totengott Anubis einen hunde- bzw. schakalähnlichen Kopf. In Homers 'Ilias' wird von Hunden als Grabbeigaben berichtet. Viele afrikanische Stämme betrachten Hunde als Seelenbegleiter, als Führer der Verstorbenen und Boten des Jenseits. In der Heraklessage haust im 'Land der Abenddämmerung' Erytheia der Höllenhund Orthros, und selbst die kanarischen Ureinwohner, die Guanchen, besaßen in ihrer Vorstellung eine stattliche Anzahl von Unterweltgeistern in Hundegestalt, die sie Cancha, Gayote, Coyote, Hagwayan, Hirguan, Tibisenas oder Iruene nannten. Demnach würden die Kanaren also 'Hundeinseln' heißen mit der tiefergehenden Bedeutung von 'Eingang in die Jenseitswelt'.

In der Tat hielten die Guanchen sich Hunde als Haustiere, zwei verschiedene Rassen, von denen der hochbeinige, windhundartige Typus noch heute der bekanntere ist. Von diesen Hunden kündet auch der zweite Bericht:
König Juba II., ein numidischer König, der im Jahr 25 v. Chr. vom römischen Kaiser Augustus das Königreich Mauretanien erhielt, war ein neugieriger, wissensdurstiger Mann. In Rom war er aufgewachsen und erzogen worden, besaß eine riesige Bibliothek, schrieb selbst drei Bücher und hatte den Ehrgeiz, alles Wissen seiner Zeit aufzeichnen zu lassen. Er unternahm mehrere Seereisen, um seinen Horizont zu erweitern, und hat nachweislich auch einmal eine Expedition zu den Kanarischen Inseln geschickt. Neben einem ausführlichen Bericht über die ‚Insulae Canariae' brachten ihm seine Kundschafter zwei Hunde von außergewöhnlich großem Wuchs mit, die sie auf der ‚Insel der großen Hunde' (Gran Canaria) eingefangen hatten.
Die ganze Angelegenheit wird uns von Plinius dem Älteren (23-79 nach Chr.), einem äußerst seriösen römischen Geschichtsschreiber, bestätigt. Demzufolge hat also der Archipel seinen Namen nach der Hauptinsel Gran Canaria erhalten. Und wieder sind es die Hunde, auf die wir dabei stoßen.

Die jüngste Legende aber lieferte mir Pepe, als wir beim Rotwein zusammensaßen und Lieder sangen. Seine dunklen, lustigen Augen zwinkerten listig, während er die Geschichte erzählte, und er kraulte unaufhörlich seinen Hund dabei – ein kleines, freundliches Schoßtier, nicht größer als eine Katze.
„Weißt du", sagte er, „das stimmt alles nicht, was in den Büchern steht über die Islas Canarias. Das ist nicht von innen

gesehen, sondern von außen, so wie ihr aus Europa euch die Sache vorstellt."

„Weißt du denn, wie es wirklich war und wie die Inseln zu ihrem Namen kamen?"

„Ja", meinte Pepe, „und das war so: Die Islas Canarias waren schon immer schön, wunderschön, glückliche Inseln. Das Klima ist mild, im Sommer nie zu heiß, im Winter nie kalt. Du kannst dreimal im Jahr Kartoffeln ernten oder, wenn du willst, viermal Bananen. Wir Canarios lieben die Inseln. Unsere Vorfahren, die Guanchen, taten das auch, und einer Menge anderer Leute gefiel es hier gut. Wer hier herkam, der wollte meist nicht mehr weg. Und es kamen Schiffe von überall her: Phönizier und Griechen, Leute von Iberia und von der afrikanischen Küste, die hatten sich meistens verirrt. Ja, es haben schon immer Fremde hier bei uns gelebt, so wie du, Hombre. Aber langsam wurde es unseren Vorfahren zuviel. Da griffen sie zu einer List. Du weißt, sie hatten Hunde, schöne Hunde, große und kleine wie diesen hier, wie mein Chico. Einige waren aber auch ganz groß, so richtige Monster. Die mochten sie eigentlich nicht, aber für die List, die sie sich ausgedacht hatten, waren sie brauchbar. Weißt du, was die Guanchen nun taten, wenn wieder einmal ein fremdes Segel herankam? Sie versteckten sich einfach und schickten die riesigen Tiere an den Strand. Wenn dann die Fremden an Land gingen, liefen ihnen die Hunde bellend entgegen, denn sie waren vorher nicht gefuttert worden und hungrig und hofften, endlich etwas zu fressen zu bekommen. Meistens erschraken die Fremden darüber, flüchteten in ihre Schiffe zurück und fuhren wieder nach Hause, um dort zu erzählen, sie seien noch eben mit dem Leben davongekommen.

Einmal kam ein Schiff, das dieser König Juba aus Mauretanien geschickt hatte. Der Capitano des Schiffes ging an Land, und wie immer rannten die großen, hungrigen Hunde zur Begrüßung zum Strand. Die Guanchen saßen versteckt im Gebüsch und beobachteten, was der Fremde wohl tun würde. 'Ha', sagten sie und rieben sich die Hände, 'gleich sieht er die Hunde und macht sich vor Schreck in die Hosen.' Aber der Capitano war anders als die meisten sonst, kein Conquistador und auch kein Feigling, obwohl das ja oft das gleiche bedeutet... Er war irgendwie nett, fast wie du, Hombre, wenn du mich zum Vino einlädst... Also, der Capitano zeigte keine Angst vor den Tieren, im Gegenteil, er sprach mit ihnen, streichelte die hässlichen Köter und gab ihnen zu fressen. Danach kam er mit ein paar wenigen Leuten hoch und suchte nach den Besitzern der Hunde. Na, du kannst dir vorstellen, dass die Guanchen da nicht im Gebüsch blieben, sondern zu ihm gingen, um ihn zu fragen, ob er vielleicht handeln wolle oder Geschenke an Bord des Schiffes habe. Beides stimmte, er brachte Geschenke, blieb eine Weile und gab sich Mühe, die Sprache der Einwohner zu erlernen. Daran kannst du sehen, Hombre, dass er anders war als die meisten Touristen heute ...

Er blieb also zwei, drei Monate oder länger und schrieb alles fleißig auf, was unsere Vorfahren ihm erzählten. Dann musste das Schiff zurück, um seinem König ein Ergebnis zu bringen. Und weißt du, was da passierte? Dem Capitano gefiel es so gut hier, dass er nicht mehr zurück nach Afrika wollte. Er jammerte, trank viel Vino und fragte die Guanchen, was er wohl anstellen müsste, um hierbleiben zu können. Da wussten unsere Leute Rat, und weil er ja ein netter Kerl war, sagten sie ihm:

'Mach es doch einfach so, schick das Schiff zurück zu deinem König und schreib in deinem Bericht, dass es hier schrecklich öde und langweilig ist. Nichts als Vulkane und Lava, trockene Felder und überall furchtbare, zähnefletschende Hunde – kurzum Inseln, um die man lieber einen weiten Bogen machen sollte. Es lohne sich nicht, sie zu erobern. Und als Beweis schick ihm ein paar von den hässlichen großen Hunden mit und gib der Besatzung Anweisung, sie unterwegs nicht zu füttern, damit sie bei der Ankunft auch richtig ausgehungert und unfreundlich sind.'

Das tat der Capitano dann auch, und es hat gewirkt: lange Zeit traute sich kein Schiff mehr heran. Der Capitano aber blieb hier, heiratete ein Mädchen von den Inseln und wurde ein echter Canario.

Siehst du, so ist es wirklich gewesen, so haben die Islas Canarias ihren Namen erhalten."

Harald Braem

Der Kojote im Vulkan

Es war zur Zeit des Beñesmen, des sommerlichen Erntefestes, das mit der Guatatiboa beginnt, einem ausgedehnten, fröhlichen Schmaus, an dem das ganze Dorf teilnimmt. Die Ernte war eingesammelt, Getreide und Früchte gab es genug für alle und auch den frischen Wein, den glutvollen, guten, der sonnenverwöhnt auf den Lavahängen heranwächst.
Als keiner mehr essen konnte, die Guatatiboa zu Ende war und nur noch reichlich vom gegorenen Traubensaft floss, setzte Tanz und Gesang ein und wurden lautstark die Wettkämpfer angefeuert, die sich im Steineheben, Stabspringen und Ringen zu übertreffen suchten. Der Guanche Taxa, der ansonsten ein recht guter Stabspringer war und mit seiner Sprunglanze leichtfüßig über die Terrassen zu fliegen verstand, sah sich diesmal nicht in der Lage, an der Konkurrenz teilzunehmen, denn er hatte schon über die Maßen vom Wein genossen und fühlte sich nicht mehr

ganz sicher auf den Beinen. So saß er also lieber zwischen den Mädchen und sang ihnen Lieder vor, die ihm allerdings in Anbetracht seines Zustands nicht mehr ganz so klar und deutlich über die Lippen kamen. Die Mädchen kicherten und prusteten hinter der vorgehaltenen Hand.

Da gesellte sich Orotaga, sein Nachbar, hinzu, um ihn aufzuziehen:

„Du scheinst mir ein außergewöhnlicher Held zu sein", lästerte er. „Die Sprungstangen sind dir zu lang, die Hebesteine zu schwer, und zum Ringkampf bist du zu schlapp – was bleibt einem abgestürzten Raben da anderes, als auf dem Boden zu hocken, mit den Flügeln zu schlagen und zu krächzen!"

So durfte man nicht mit dem Taxa reden, denn wenn er auch betrunken war, so hatte er doch seine Ehre. Er rappelte sich also hoch, stand schwankend vor Orotaga und schrie:

„Was glaubst denn du, Ziegenbock von einem Nachbarn, warum ich das tue?"

„Und warum?" wollte Orotaga wissen.

„Um meine Kräfte für eine wirkliche Mutprobe zu schonen, eine, die du dir niemals zutrauen würdest."

„Sag, was du meinst", erwiderte Orotaga, „und ich antworte dir schon jetzt, dass ich dich in allem, was du tun willst, noch um ein beträchtliches Stück überbieten werde!"

„Das sollst du wiederholen, du geschwätziges Großmaul, wenn du erst weißt, was ich vorhabe!" schrie Taxa.

Mittlerweile hatten sich viele Dorfbewohner um sie geschart und hörten neugierig zu.

„Ich will dem Guayote, dem Kojoten im Vulkan, einen Besuch abstatten."

Orotaga und alle, die es mitbekommen hatten, erstarrten vor Schreck. Taxa musste völlig von Sinnen sein, dass er solches vorhatte! Kein Mensch, nicht einmal einer, dem der Verstand abhanden gekommen war, würde freiwillig zum Teide gehen.
„Im Teide ist die Hölle los, und man soll das Böse nicht leichtfertig herausfordern", sagte Orotagas Weib, und eine andere rief: „Noch nie ist einer mit dem Leben davon gekommen, der den Guayote zu Gesicht bekam!"
Orotaga aber war ein störrischer Mann und hatte sich mit seiner Prahlerei bereits viel zu weit vorgewagt. Er würde als Feigling dastehen, wenn er nun einen Rückzieher machte.
„Das wollen wir sehen!" riefen einige vom Wein selige Männer, und ihre Frauen machten warnende Zeichen, indem sie mit Daumen und Zeigefinger die Lippen zusammenpressten.
Also gingen Orotaga und Taxa los. Das halbe Dorf begleitete sie, denn die Leute wollten mitbekommen, ob die lautstarken Kerle ihren Plan wirklich ausführten. Und die beiden zogen tatsächlich zum Teide, während die Sonne lustig vom Himmel brannte. Unterwegs wurde es jedoch kühler, denn je höher man zum Kraterrand aufsteigt, desto kälter weht der Wind. So blieben die Leute zurück, setzten sich unter einen Teabaum, ließen die mitgeführten Weinkrüge kreisen und beobachteten in aller Gemütsruhe den weiteren Aufstieg der beiden Männer, die immer noch ein wenig unsicher schwankten. Klein und kleiner wurden sie, zwei winzige Ameisen am Rande des gewaltigen Vulkans.
Taxa und Orotaga stapften einträchtig nebeneinander her und sprachen kein Wort. Nach einer Weile hörte der Baumbewuchs vollständig auf, und es wurde noch kälter.

„Lass uns umkehren", sagte Taxa plötzlich, doch Orotaga wurde nun seinerseits stur.
„Du wolltest unbedingt hierher", entgegnete er, „und ich habe vor allen behauptet, ich ginge noch weiter als du."
„Dann bleibe ich jetzt stehen, du gehst zwei Schritte weiter, und wir kehren anschließend um", schlug Taxa vor.
„Halt den Mund!" sagte Orotaga barsch. „Wir gehen weiter; auch ich wollte immer schon mal den Guayote sehen. Wenn du mich fragst, ich glaube nämlich nicht, dass es ihn gibt. Vielleicht ist er eine Erfindung der alten Otuteka, die sich nur mit solchen Dingen beschäftigt und alle verrückt macht mit ihrem Gerede, seit sie als Mädchen Harimaguada war."
In diesem Moment stürzte Taxa in eine Schlucht. Zum Glück war sie nicht tief, und außerdem konnte er sich mit den Händen an einem hervorragenden Felsstück festhalten.
„Bist du tot?" fragte Orotaga von oben.
„Nein", brüllte Taxa zurück, „aber wenn du nicht kommst und mir hilfst, bin ich es gleich!"
Vom Sturz war er schlagartig nüchtern geworden. Ganz klar vermochte er die Umgebung rings herum zu erkennen. Als Orotaga umständlich herabgeklettert kam und auch er wieder Boden unter den Füßen hatte, sagte Taxa:
„Hier in der Schlucht ist ein besserer Weg zum Teide, den können wir gehen. Er windet sich gemächlich empor."
Orotaga war es recht.
So stiegen sie hinab, erreichten den Pfad und folgten seinem Lauf bis zum Kraterrand. Kurz vor dem Krater machte der Weg eine Biegung, und dahinter stand, wie aus dem Boden geschossen, ein Dämon von schrecklicher Gestalt: ein riesiger, lang-

mähniger Hund mit struppigem Fell, feurig glühenden Augen und warmem, hechelndem Atem.

„Der Guayote", flüsterte Orotaga mit kaum vernehmlicher Stimme. „Es ist tatsächlich ein Kojote, aber so hässlich, wie ich noch keinen sah."

Der Kojote legte den Kopf schief und betrachtete die Männer, als schätze er ab, welchen er zuerst anfallen sollte.

„Tu uns nichts!" sagte Taxa. „Wir sind zwei harmlose Wanderer, kommen von der Beñesmen und wollen nur mal kurz zum Teide empor."

Der Kojote sperrte das Maul auf und sprach zu ihrer Überraschung mit menschlicher Stimme:

„Was habt ihr hier oben zu suchen? Was wollt ihr hier?"

„Oh, vielleicht... wenn wir ihn treffen... dem Guayote ein kleines Geschenk überreichen...", stotterte Orotaga.

„Was habt ihr dabei?" fragte der Kojote und sah furchterregend aus: sein Maul war furchtbar groß, und er bleckte die langen, scharfen Zähne.

„Einen... Lederbeutel mit Wein. Ganz frisch ist er, ein guter Tropfen der neuen Ernte", sagte Taxa und streifte das gegerbte Ziegenfell von seiner Schulter, in das er sich etwas Wein als Reiseproviant eingefüllt hatte.

„Nett gemeint", erwiderte der Kojote. „Aber leider trinke ich keinen Wein, mich dürstet eher nach Menschenblut."

„Dann nimm den da", meinte Orotaga schnell und trat hastig einen Schritt zurück. „Der hat weder Frau noch Familie, man wird ihn im Dorf weniger vermissen als mich."

„Nichts da!" rief Taxa zornig. „Warst du es nicht, der so großspurig behauptet hat, er würde in allem, was ich tue, mich um ein beträchtliches Stück überbieten? Wenn also einer dran glauben muss, dann bist du es, Orotaga. Los, geh hin und beweise, dass du ein richtiger Held bist."

„Streitet euch nicht!" bellte der Kojote und streckte sich genießerisch, indem er zuerst die beiden Hinterpfoten lang machte und dann den Rücken zum Buckel zusammenzog. „Es gehört sich nicht für einen Guanchen, feige zu sein. Ohnehin habe ich es nicht eilig, das zu bekommen, wonach mich gelüstet, denn in drei Mondwechseln, wenn niemand es ahnt, werde ich reichlich Beute machen."

„Was?" riefen da Taxa und Orotaga wie aus einem Munde. „Wirst du vom Teide herabkommen und unser Dorf überfallen?"

„Genau das", antwortete der Kojote. „Und es wird nicht nur Blut, sondern vor allem auch Feuer und kochende Lava fließen."

Als die beiden mutigen Guanchen dieses hörten, bekamen sie es erst recht mit der Angst. Sie verabschiedeten sich höflich vom Untier und brachen eilig zum Abstieg auf.

Bei den Freunden am Teabaum angekommen, berichteten sie atemlos und aufgeregt, so dass sich ihre Stimmen überschlugen, von ihrem Treffen mit dem schrecklichen Kojoten. Dabei sahen die Dorfbewohner, dass Taxa und Orotaga überaus nüchtern waren, auch wenn sie auf den Schreck hin erst einmal zum tönernen Weinkrug griffen.

Als dann auch noch die alte Otuteka wenig am Wahrheitsgehalt ihrer Worte zu zweifeln schien, entschied der Dorfälteste, noch vor Ablauf der vom Kojoten genannten Frist, das Dorf zu verlassen.

In der Nacht, als der Mond zum drittenmal wechselte und wie eine scharfe Sichel am Himmel hing, hatten sich die Leute auf einer sicheren Anhöhe versammelt und sahen, dass sich über der Spitze des Teide eine düstere Wolke zusammenzog. Plötzlich zuckte daraus ein gewaltiges Feuer und erhellte die Nacht. Die Erde rumorte und bebte, Donner grollte, und aus dem Innern der Hölle erhob sich eine Säule aus Feuer, Asche und Dampf. Dann aber spuckte der Teide glühende Brocken aus und schleuderte Feuerpfeile zu Tal; wie brennender Honig lief die Lava vom Krater herab, füllte das Tal und machte auch vor dem Dorf nicht halt, bis es unter dem rot wabernden Brei verschwunden war.

Es kann sein, dass der Kojote in dieser entsetzlichen Nacht doch noch genug Blut zu trinken bekam, denn sein Wüten schien keine Grenzen zu kennen. Auch andere Dörfer ergriff er mit gierigen Pranken und überraschte so manchen im Schlaf dabei. Taxa und Orotaga sollen später – wie andere Guanchen auch – noch öfter zum Teide hinaufgezogen sein, um sich mit dem Guayote zu unterhalten. Sie hatten nämlich bemerkt, dass der Kojote im Vulkan zwar grausam und blutdürstig war, aber außerdem auch dumm, plauderte er doch alles aus, was er wusste und gerade dachte.

Der Regenbaum von Hierro

Auf der Insel Hierro soll es einstmals einen Baum gegeben haben, von dem man Wunderbares zu berichten weiß. Sein Stamm soll so dick gewesen sein, dass ihn vier ausgewachsene Männer kaum umfassen konnten. Voll von dichten ineinander verschlungenen Zweigen war er und völlig von Kräutern bedeckt, wie sie nur auf Bäumen wachsen, die viel Feuchtigkeit haben. Seine ausladende Krone – und das war das ganz und gar Ungewöhnliche – griff weit in den Himmel hinein und holte sich dort mit den Blättern den Regen aus den Wolken. Unten aber, rund um den Stamm, befand sich eine ringförmige Grube, in der sich das auf diese Weise gewonnene Wasser ansammelte. Garoé nannten die Ureinwohner diesen Wunderbaum, der sie täglich reichlich mit Trinkwasser versorgte. Er galt als heilig und wurde wie eine Gottheit verehrt, denn die Insel Hierro ist durch große Wasserarmut gezeichnet. Es gibt nur wenige Quellen, und in den tieferen Lagen, wo die Leute versuchen, ihre spärliche Landwirtschaft zu betreiben, gibt es heute keine einzige wasserspendende Quelle mehr.

Auch als die fremden Eroberer kamen, angeführt von dem normannischen Ritter Jean de Bethencourt, wäre es keinem der Einheimischen eingefallen, ihnen über den seltsamen Baum zu berichten.
Aber die Zeiten vergingen, die Sitten verfielen. Lange schon war der König zum Sklaven geworden und Capraria, die 'Ziegeninsel', wie die Spanier Hierro wegen ihres übergroßen Ziegenreichtums nannten, unter die Fremden aufgeteilt. Kolonisatoren bestellten den Boden und ließen die Eingeborenen, die nun rechtlose Gefangene waren, die Arbeit auf den Feldern machen und kassierten, wenn es zur Ernte kam, die Erträge.
Dennoch gab es gelegentlich Freundschaft und sogar Liebe zwischen den Einheimischen und den Kolonialisten. Ein Eingeborenenmädchen namens Sabinoha lebte mit dem spanischen Soldaten Rodríguez Olivera zusammen, und da sie aus dem Dorf Tugulahe stammte, das zwischen Amoco und dem heutigen San Andres lag, bedrängte er sie immer wieder mit Fragen, die den Regenbaum betrafen. Wie kam es, dass die Felder rund um Amoco und Tugulahe üppiger in der Frucht standen als anderswo? Warum dursteten die Leute dort nicht, sondern hatten stets reichlich Trinkwasser, wo es getreten und blank. Auch Sabinoha kannte diesen Pfad gut, war ihn ihr halbes Leben lang gelaufen. Aber diesmal zögerte sie wie vor etwas völlig Unbekanntem. Unsicher trat sie auf, rutschte aus, geriet aus dem Gleichgewicht und stürzte kopfüber hinab in die Schlucht...
Der Faycan saß mit geschlossenen Augen in seiner Hütte und lauschte den Stimmen, denen der Welt und denen in sich. Als vom Barranco her Sabinohas Todesschrei klang, stand er auf und ging hinaus, um sich im Schalenstein sorgfältig Gesicht

und Hände zu waschen. Danach kehrte er in seine Hütte zurück und verriegelte die Tür.

Als Sabinoha in den Barranco stürzte, ereignete sich etwas ganz und gar Sonderbares: Ein böser Wind fing ihre Seele genau in dem Moment auf, als ihr Körper auf den Steinen zerschellte. Jener Wind hatte schon reichlich schlechte Seelen gesammelt und aufgelesen. Diese, Sabinohas aber, war es, die das Maß seiner Bosheit vollmachte.

Heulend fuhr er auf und stürmte über die Insel, brachte sich trudelnd in solche Wut, dass er Bäume wie Strohhalme brach und samt Wurzeln aus der Erde riss.

Auch in die Gegend von Amoco und Tugulahe fiel er ein und stürzte sich dort voll Ingrimm auf den Garoé. Der heilige Baum, den inzwischen die Blicke so vieler Fremder getroffen hatten und der davon wund und schwach wie ein Schwindsüchtiger geworden war, hielt dem furchtbaren Ansturm nicht stand. Splitternd brach sein Holz, und der Stamm riss der Länge nach auf. Das restliche Zerstörungswerk geschah in Sekunden. Seither gibt es auf Hierro keinen einzigen Wasserspender mehr, den man mit dem Wunderbaum vergleichen könnte.

Regenzauber

Auf dem Kanaren lebt ein weises Stammelternpaar: Orahan, der Vater, und Moneiba, die Mutter. Der Sitz von Orahan ist Ataman, der Himmel, und der von Moneiba die Tiefe des Meeres. Beide treffen sich oft, an jener Nahtlinie nämlich, wo das Blau des Himmels und das Blau des Meeres ineinander verschmelzen; daraus entsteht dann alles Leben im Wasser. Manchmal aber steigt Moneiba empor, um Orahan in seinem Wohnsitz zu besuchen – dann wird der Himmel feucht, und es entstehen, unter Mithilfe von Sonne und Wind, die Tiere, die fliegen können.

Als sich Orahan und Moneiba jedoch einmal auf der Erde nahekamen, schufen sie die Menschen, die sie Guanchen nannten, und alles Getier, das zur Nahrung gereicht, und versehentlich auch solches, das nicht dazu dient, denn Orahan und Moneiba sind äußerst verspielt und erfindungsreich.

Die glückliche Zusammenkunft von Vater und Mutter schafft eine Kraft, die Abora heißt; ihre segensreiche Wirkung spürt man überall; sie ist eine Gottheit. Immer wenn sich Orahan und Moneiba in Liebe verbinden, ist Abora da. Darum muss man das

Paar verehren, denn nur wenn es beiden gut geht, entsteht Abora und kann den Menschen wohlgesonnen und nützlich sein.
Orahans Reich ist, wie gesagt, Ataman, der Himmel, der grenzenlos ist, und Moneiba gehört das Meer, das unergründliche, tiefe. Die Inseln darin aber sind Wohnsitz der Guanchen, der Menschen, die zu Abora beten.
Nun hat Abora – das gute Prinzip – einen mächtigen Gegenspieler; der wird Guayote genannt und ist ein böser Dämon, der im Krater des mächtigen Vulkans Teide eingeschlossen ist und jedes Vergehen der Menschen durch wilde Ausbrüche bestraft. Der Teide ist eine glühende Hölle, kein lebendiges Wesen hält seine furchtbare Hitze aus. Der Guayote jedoch fühlt sich wohl darin und kommt nur gelegentlich, ganz selten, heraus – dann aber wird es schlimm für die Menschen.

Er beobachtet sie ständig und bewertet ihr Handeln. Um seinen maßlosen Zorn zu besänftigen, müssen die Guanchen ihm Opfer darbringen, die sie auf kreisförmige Altarsteine zu Füßen des Teide legen. Die Priester nehmen die Opfergaben – Milch und Butter meist, manchmal aber auch geweihte Tiere mit besonders hervorstechenden Merkmalen – und bringen sie zum Teide hinauf, um sie Guayote anzubieten. Nimmt er sie an, so können die Menschen unbesorgt und in Frieden leben, verweigert er sie, so steht sein unbeherrschtes Wüten bevor. Dann wird er Feuer und glühende Lava speien und weite Teile der Inseln unter seinem Zornesschleim begraben. Schlimm ist auch sein Atem aus Rauch und Aschenregen, mit dem er die fruchtbaren Felder bedeckt und das Leben erstickt.

Neben den Priestern gibt es heilige Jungfrauen, die Harimaguadas, die in abgelegenen Berghöhlen wohnen, dort Abora anbeten und sich mit geistigen Dingen beschäftigen. Tamogantes heißen ihre Versammlungen und Almogaren ihre Tempel. Die Harimaguadas leben in Einklang mit der Natur und müssen sich eine Zeitlang aller sexuellen Genüsse enthalten, bis sie das Wesen Aboras ganz und gar verstanden haben und wissen, in welch geheimnisvoller Verkleidung es auftreten kann. Erst dann dürfen sie zu ihren Stämmen zurückkehren. Dort heiraten sie zumeist die Edelsten ihres Volkes, Adlige und Menceys, denen sie als 'weise Frauen' gleichgestellt sind. Mit zunehmendem Alter erhalten die weisen Frauen immer höheres Ansehen und immer größere Macht und sind den Menceys übergeordnet, verfügen sie doch über das geheime Wissen und können manche von ihnen sogar in die Zukunft sehen. Bei Streitigkeiten zwischen Adligen und bei allen Entscheidungen von Belang behalten die weisen Frauen das letzte Wort. Ihre Rede ist von Abora gelenkt, und nur Abora allein weiß genau, was Recht und was Unrecht ist.

An manchen Stellen der Inseln haben sich die Stammeltern, Orahan und Moneiba, zusätzliche Wohnsitze geschaffen, die sie besuchen, wenn ihnen danach zumute ist. Es sind dies besonders geformte Felsen, die von den Guanchen Seelensteine genannt werden. Der Seelenstein von Hierro heißt Bentaiga, und in seiner Nähe liegt die Höhle Abstenehita.

Wenn es an Wasser mangelt, versammeln sich hier die Menschen von Hierro, kommen von weit her mit ihren Herden und verweilen drei Tage und drei Nächte, um die Stammeltern um Regen anzuflehen. Dabei opfern sie Speise und Trank und warten, dass der Himmel ein Zeichen gebe.

Eines Tages nun, während einer langanhaltenden Trockenperiode, blieb dieses Zeichen aus; das Volk von Hierro war verzweifelt, dass sich ihnen Abora nicht zeigen wollte. Da ging ein heiliger Mann in die Höhle Abstenehita, warf sich auf den Boden und flehte die Stammeltern inbrünstig an.

„Orahan", rief er, „warum sendest du deinen Söhnen kein Zeichen, siehst du denn nicht, dass wir dürsten und Hungersnot bevorsteht? Moneiba, warum schickst du deinen Töchtern nicht den Regen herab, auf den wir so lange warten? Seid ihr so fern, habt ihr vergessen, dass hier die Guanchen, eure Kinder, leben?"

Lange währte sein klagendes Flehen, bis er von einem grunzenden Ton aus dem dunklen Innern der Höhle aufschrak. Das grunzende Geräusch näherte sich, und als es vollends heran war, sah der Mann, dass es von einem rotbraunen, zottigen, behaarten Schwein herrührte. Dies war der Bote der Ahnen, der Hirguan, der als Vermittler zu den Guanchen kam.

Der Mann packte das Schwein, nahm es unter seinen Fellmantel und trug es hinaus in Freie. Das ganze Volk ging mit, als der Mann das mächtige Schwein, das sich nicht wehrte, sondern still ergeben in seinen Armen lag, hinauf zu den Seelensteinen trug. Dort wurde es unter Gesängen geopfert, und das hervorquellende Blut verwandelte sich in Wasser. Das Schwein selbst aber, der Hirguan, wurde zu einer Wolke, die aufstieg und kräftig abzuregnen begann.

So erlöste Abora das Land von der Dürre. Als Zeichen des Dankes aber kerbten die Menschen eine große Spirale in den Stein – das geheime Zeichen der Moneiba. Man findet es überall, wo eine Quelle dem Boden entspringt. Die Spirale hilft der Urmutter, zur Erde zu finden und macht sie froh, denn immer wenn sie ein solches Zeichen findet, weiß sie, dass die Menschen mit Achtung und Ehrfurcht an sie denken.

Man kann aber auch auf andere Weise den Regen herbeilocken.

In langen Trockenzeiten wandern die Harimaguadas gelegentlich mit dem Volk zum Ufer des Meeres, um die See mit Ruten zu peitschen und dadurch die Mutter zu rufen.

An manchen Orten ist es üblich, um Regen zu tanzen. Diese Zeremonie findet auf heiligen Bergen statt. Man zieht einen magischen Kreis um den Tanzplatz und markiert ihn im Rund mit kleineren Steinen. Ein sauberer Kreis ist wichtig, damit die Tamogantes gelingen können. Dann wird ein junges Lämmlein herangeholt, das zuvor vom Muttertier getrennt wurde und nun angstvoll zu blöken beginnt. Sein Blöken soll das Mitgefühl der freundlichen Urmutter wecken, die dann mit ihrem Regenmantel herbeikommt, um zu helfen. Manchmal dauert es jedoch lange, bis Moneiba den Weg zu den Menschen findet, dann schlummert sie in den Tiefen des Meeres und hört nicht, was auf der Welt vor sich geht. Derweil tanzen die geweihten

Mädchen den Tanz des Regenrufes, indem sie sich innerhalb des magischen Kreises bewegen und mit den Füßen einer unsichtbaren Spirale folgen.

Die Guanchen wissen, dass ein weibliches Wesen mehr von den geheimen Kräften der Natur versteht als ein Mann es sich je erträumen kann. Daher schätzen sie die Frauen und behandeln sie mit Achtung. Besondere Ehrerbietung erweisen sie jedoch denjenigen, die einst Harimaguada gewesen sind und in der stillen Einsamkeit der Bergwelt gelebt haben, denn hier sind Orahan und Moneiba sich nahe, hier zeigen sie sich in ihren vielfältigen Formen, und wo es besonders schön ist, kommen sie in Liebe zusammen, um Abora zu schaffen. Und jede Frau, die einmal Abora gesehen hat, trägt einen Abglanz davon in ihren Augen zu den Menschen hinab.

Die Schlucht der Todesängste

Zur Zeit, als die Spanier sich anschickten, die Insel La Palma – damals hieß sie noch Benahoare – zu erobern, lebten dort zwölf Guanchenstämme, die von zwölf Königen regiert wurden, den Menceys, deren Namen alle überliefert sind. Hier seien indes nur die beiden bedeutendsten genannt: Atogmatoma im Norden, im Gebiet des heutigen Tijarafe, und Tanausú im wildzerklüfteten Kraterkessel der Caldera de Taburiente, der früher Aceró hieß.

Man könnte nun annehmen, dass dieser Tanausú, der über das größte Gebiet herrschte und zudem ein überaus mutiger Mann von ungewöhnlichen Körperkräften war, auch zugleich das meiste auf der Insel zu sagen hatte. Aber dem war nicht so.

Atogmatoma wurde allgemein als der mächtigste König anerkannt. Er war ruhig und weise, galt als vorausschauender Mensch und hatte mehrere alte Frauen, die Harimaguadas, als Beraterinnen, die über das zweite Gesicht verfügten.

Tanausú dagegen lebte zurückgezogen im Krater und genoss das Privileg, mit dem Idafe Zwiesprache zu halten, dem heiligen Seelenstein, der mit seiner Spitze den Himmel hielt. Was er von ihm erfuhr, stand nicht immer im Einklang mit den Ansichten, die Atogmatoma vertrat. Nur widerstrebend fügte sich der heißblütige Tanausú den Anordnungen des obersten Königs. Die Guanchen sagten: in Wirklichkeit gibt es zwei große Menceys auf der Insel – einen, der ruhig sitzt und lange und gründlich nach hinten späht – Atogmatoma und einen, der vorwärtsstürmt wie ein wildes Tier – Tanausú.

Er, Tanausú, war es auch, der bisher jeden Versuch der Spanier, auf der Insel Fuß zu fassen, blutig zurückgeschlagen hatte, zuletzt den Angriff des von Guillén Peraza, dessen Vater Gouverneur von Gomera gewesen und von einem aufständischen Guanchenprinzen erstochen worden war.

Guillén Peraza war in der Bucht von Tazacorte mit zweihundert Soldaten gelandet und sofort, dem Flusslauf folgend, in Richtung Aceró vorgestoßen. Nach kurzer Zeit schon hatten sie die Tücken der für sie fremden, abweisenden Umgebung kennengelernt und dem riesigen Barranco seinen Namen gegeben, den er noch heute trägt: Barranco de las Angustias, die 'Schlucht der Todesängste'.

Die Schlucht trug ihren Namen zu Recht: rechts und links des Flussbettes, das steinig und äußerst schwer passierbar war, reckten sich steile, weit in den Himmel ragende Felswände empor. Die Soldaten kamen nur mühsam voran und hatten zudem noch unter der brütenden Hitze zu leiden, die sich im Barranco staute und das Vorwärtskommen in der Schlucht nahezu unmöglich machte.

Es war still, erschreckend still ringsum, kaum dass ein Vogel pfiff, und selbst die Zikaden hielten inne in ihrem ansonsten ohrenbetäubenden Konzert, als die Männer in klirrenden Rüstungen und mit schweren Waffen beladen stumpfsinnig dahin stapften. Immer wieder hielt Guillén Peraza an, um die Felswände zu beobachten. Bewegte sich da oben nicht eine Gestalt, sprang dort nicht etwas aus dem Schatten heraus? Peraza kniff die Augen dichter zusammen, hielt die Hand schirmend darüber, um besser sehen zu können. Doch jedesmal war es nichts. Die flimmernde Hitze hatte ihn genarrt.
Gegen Mittag wurde es unerträglich. Die Soldaten stöhnten, schleppten sich mühsam vorwärts und begannen, nach einem schattigen Rastplatz Ausschau zu halten. Da ertönte ein entsetzliches Donnern und Krachen, und sie sahen eine Lawine aus Steinen und Sand auf sich zurasen. Wie aufgeschreckte Kaninchen stoben sie auseinander, sich gegenseitig Warnungen zurufend. Dennoch konnten sich nicht alle rechtzeitig in Sicherheit bringen; Geröll, mit größeren Felsbrocken durchsetzt, kam zu Tal und begrub einige der Männer.
Die wahren Todesängste standen den Eroberern jedoch noch bevor. Kaum waren sie ein Stück weitergekommen, da brachen drei andere Soldaten zusammen, und als man sie aufhob, sah man, dass ihre Schläfen von kleinen, scharfkantigen Steinen zertrümmert worden waren. Diesmal konnte es keine Lawine gewesen sein, denn man hatte kein Geräusch wahrgenommen. Lautlos waren die Geschosse herangeflogen und hatten ihr Ziel gefunden.
Guillén Peraza ließ nach allen Seiten hin sichern und schickte einen kleinen Vortrupp aus. Aber diese Taktik nützte wenig.

Kaum waren die Späher um die nächste Biegung verschwunden, schwirrten schon wieder Wurfsteine heran und überdies auch zwei hölzerne Lanzen mit messerscharfen Obsidianspitzen, die direkt neben Peraza zwei Männern die Brust durchbohrten.
Verwirrung brach unter den Spaniern aus, denn noch immer konnten sie den Feind nirgends ausmachen. Als sich das Heer einigermaßen gesammelt hatte und weitermarschieren wollte, gellten vor ihnen aus der Schlucht markerschütternde Schreie. Peraza bekreuzigte sich hastig und drängte seine Leute zur Eile. Als sie die Biegung erreichten, sahen sie dort mehrere leblose Körper liegen. Keiner der Kundschafter hatte überlebt. Einigen war der Schädel zerschmettert, anderen steckten hölzerne Lanzen tief in der Brust.
Jetzt merkte Peraza, dass ein weiteres Vordringen unmöglich war, wollte er nicht noch mehr Leute verlieren. Kaum waren sie jedoch einige Meter durch den Flusslauf zurückgestolpert, da krachten erneut an mehreren Stellen Lawinen herab. Zugleich mit dem Donnern der Steine erklang ringsum ein Schrei aus vielen hundert Kehlen. Von den Vorsprüngen der Felsen sprangen sie herunter, aus dem Faltenschatten der Berge lösten sie sich: wilde Gestalten, die angreifenden Guanchen. Gleichzeitig ging ein Hagel aus Steinen und hölzernen Wurflanzen auf die Spanier nieder. Von allen Seiten drangen die Krieger Tanausús vor, von den Flanken der Schlucht, von hinten und von vorn, wo sie Barrieren aus Gestrüpp und gefällten Bäumen errichtet hatten und so den Soldaten den Rückweg abschnitten.
Die Soldaten wehrten sich aus Leibeskräften gegen den Ansturm. Plötzlich aber wurde es schlagartig dunkel. Es schien, als vergehe die Sonne von einer Sekunde zur anderen. Peraza hatte

nicht damit gerechnet, dass die Sonne so schnell über die Felswände wandern und den Barranco in Finsternis tauchen würde. Wütend griffen nun die Eingeborenen an, und ein Eroberer nach dem anderen fiel, alle zweihundert Mann, die letzten im Handgemenge und zu allerletzt Guillén Peraza, den ein Keulenschlag traf.

Ja. so ist es gewesen: der grimmige Tanausú und seine Männer des Vulkankraters hatten gesiegt und für die Insel einen Aufschub erfochten. Einen kurzen allerdings nur, wie sich herausstellen sollte.

Kurze Zeit später sandten die Spanier erneut Schiffe nach La Palma. Diesmal wurde das gut ausgerüstete Heer von Alonso Fernández de Lugo angeführt, einem erfahrenen Kriegsmann, der vieler Listen und Raffinessen kundig war. In der Bucht von Tazacorte gingen sie vor Anker und schickten Ruderboote hinüber zu jenem schmalen Küstenstreifen, zu dessen Rechten das fruchtbare Aridanetal beginnt. Links davon aber öffnet sich der Barranco de las Angustias, die Schlucht der Todesängste, die ihrem Namen alle Ehre gemacht hatte.

Natürlich blieb ihre Ankunft nicht unbemerkt. Aber die Eingeborenen reagierten unterschiedlich darauf.

Atogmatoma, der große Mencey von Tijarafe, ließ die weisen Frauen zu sich kommen und bat sie um Rat. Die Harimaguadas zogen sich zum Tamogante, dem heiligen Versammlungsplatz im Barranco der großen Höhlen, zurück und beratschlagten. Schließlich erschienen sie wieder beim König, und Anagufira, die älteste von ihnen, sprach:

„Klugheit zeichnet sich dadurch aus, dass sie nicht nötig hat, für die Wahrheit Blut zu vergießen."

Mit dieser Aussage war Atogmatoma sehr einverstanden, denn sie entsprach seiner Lebensauffassung. „Gut", entschied er, „mögen die Fremden kommen, wir werden mit ihnen verhandeln, um herauszufinden, was sie wirklich vorhaben und was sie auf unserer Insel wollen."

Tanausú war unterdessen ohne Begleitung zum Idafe hinaufgestiegen und sprach auf der Plattform mit dem großen Geist des Steines.

„Was sollen wir tun?" fragte er. „Schon wieder bedrängen uns die Fremden und lassen von unserer Heimat nicht ab. Bereits mehr als einmal haben wir sie zurückgeschlagen, aber immer kommen sie wieder. Jetzt will Atogmatoma friedlich mit ihnen sprechen, doch ich glaube nicht, dass die Fremden sich darauf einlassen. Sie sind nicht ehrlich, sie greifen schnell zu den Waffen und wollen mit Gewalt nehmen, was sie durch Handel nicht bekommen. Ihr Denken kennt kein Neben- sondern nur ein Übereinander. Was sollen wir tun?"

Da antwortete der Idafe:

„Ich will nicht, dass die Fremden zu mir kommen. Verhindere, dass dies geschieht! Sie sprechen eine andere Sprache, und selbst wenn sie hörten, was ich ihnen zu sagen habe, so würden sie nicht begreifen, denn ihr Verstand ist in Nebel gehüllt. Sie werden in mir einen seelenlosen Stein sehen, werden nicht an mich glauben. Wie kann ich also hinfort die Insel und mein Volk, das mir lieb ist, beschützen, wo doch keiner mehr kommt und mit mir Zwiesprache hält? Wie soll ich künftig reden und Warnung geben, wenn keiner mehr da ist, der zuhört?"

„Aber wir sind doch da", sagte Tanausú, „dein Volk von Aceró, die Leute der Insel, wir sprechen mit deiner Zunge."

„Wie lange noch?" entgegnete der Idafe düster. „Wie lange noch?" Und hüllte sich hernach in Schweigen.

Tanausú aber hatte jedes Wort mit dem Herzen aufgenommen und trug es hinunter zu seinem Stamm. Der Schmerz in der brechenden Stimme des Idafe brannte in seiner Seele wie Feuer.

„Wir müssen die fremden Eindringlinge zurückschlagen und verhindern, dass sie die Insel erobern", erklärte er. „So will es der heilige Idafe, und ich, Tanausú, werde gehorchen."

Da nahmen seine Männer die Waffen auf und stiegen in die Berge, um nach den Fremden Ausschau zu halten.

Alonso Fernández de Lugo indes ging anders vor als seine Vorgänger. Er hatte eine eingeborene Dolmetscherin dabei, Gasmira de Palmense, die vor Jahren schon in die Gefangenschaft geraten war und nun völlig unter dem Einfluss der Spanier stand. Die sandte er mit Geschenken zu den Menceys im Westen, zu Mayantigo im Aridanetal, zu Echedey in Tihua, zu Echentire von Tamanca und zu Agucuahe, dessen Volk am Fuße des Vulkans Teneguía lebte.

Allerlei wohlklingende Versprechungen wurden den Menceys gemacht, und so gelang es, diese dazu zu bringen, keinen Widerstand zu leisten. Fernández de Lugo hatte indessen keineswegs vor, seine Versprechungen einzuhalten; ihm ging es vor allem darum, Zeit zu gewinnen und Zwietracht unter den einzelnen Stämmen zu säen.

Als er mit seinen Leuten ungehindert um die Südspitze der Insel gezogen war und weiter nach Osten vorstoßen wollte, stellte sich ihm der Prinz von Tigalate entgegen. Lugo griff sofort an und tötete viele Guanchen. Die Überlebenden flüchteten in die Berge hinauf, wo sie sich noch eine Weile verstecken und dem

Zugriff der Spanier entziehen konnten. Aber Lugo gönnte seinen Leuten keine Atempause. Weiter nach Norden stießen sie vor, überrumpelten die friedlichen Stämme dort und machten viele Gefangene.

Noch immer zögerte Atogmatoma, die Kriegswaffen gegen die Eroberer aufzunehmen. Er setzte auf Verhandlungen und hatte scheinbar auch erste Erfolge damit. Atogmatoma war kein Gegner für den verschlagenen Lugo. Der Konquistador wusste genau, dass sein Hauptfeind in der Caldera de Taburiente, dem gewaltigen Kraterkessel, saß und erbitterten Widerstand leisten würde.

Und wirklich zog Tanausú seine Krieger zusammen und wartete auf das Nahen des Feindes.

Der erste Versuch de Lugos, in die Schlucht der Todesängste einzudringen, scheiterte in einem Hagel aus Wurflanzen und Steinen. Daraufhin dachte sich Lugo eine List aus: Er schickte einen Verwandten Tanausús, der bereits getauft war und im Umkreis der Spanier lebte, in die Schlucht, um den Guanchenkönig zu überzeugen, dass er gut behandelt würde und auf seinem angestammten Boden bleiben dürfe, wenn er sich nur dazu entschließen könne, die Waffen niederzulegen.

Tanausú antwortete ihm, dass er bereit sei, mit Lugo zu reden, falls dieser alle Christen aus seinem Hoheitsgebiet entfernen würde.

Der Spanier ging darauf ein, und Tanausú machte sich auf, um an einem neutralen Ort mit dem Fremden zu verhandeln.

Noch auf dem Weg nach Tazacorte, mitten im Barranco de las Angustias, eilte ihm Ugranfir, ein anderer Verwandter, entgegen, um ihn zu warnen.

„Geh nicht nach draußen ins offene Gelände, verlass die Schlucht nicht, die dich schützt", sprach Ugranfir, „denn eine dunkle Ahnung sagt mir, dass dies dein sicherer Untergang wäre. Die Fremden tragen keinerlei Friedenszeichen, im Gegenteil, bis an die Zähne bewaffnet sind sie. Viele haben eiserne Rohre dabei, die Feuer speien und tödliche Kugeln senden. Und was ihren Anführer betrifft, so habe ich ihm kurz ins Antlitz gesehen. Ich sage dir: es ist kein gutes Gesicht, die Falschheit nistet darin, er spricht mit gespaltener Zunge. Kehre um, Tanausú, und glaube den Worten des fremden Eroberers nicht!"

„Ich habe ihm mein Wort gegeben zu verhandeln", entgegnete Tanausú unnachgiebig. „Außerdem sind hundert Leute bei mir, die gut bewaffnet sind, um notfalls zu kämpfen."

Ugranfir drang weiter auf den Mencey ein, aber Tanausú ließ sich von seinem Vorsatz nicht abbringen und zog weiter den Barranco hinab, dem Ort der Verhandlung entgegen.

Als Ugranfir merkte, dass all sein Warnen vergeblich war, seufzte er schwer und sprach: „Du bist ebenso störrisch wie mutig und leidenschaftlich. Was du dir einmal in den Kopf gesetzt hast, sitzt dort wie ein Felsstein; kein Mensch vermag ihn mehr zu verrücken. Wenn du also unbedingt in dein Unglück ziehen willst, so gehe ich mit und werde die Keule für dich schwingen, um dein Leben zu beschützen und ein letztes Mal mit dir den Kriegsschrei der Raben auszustoßen."

Tanausú erreichte den vereinbarten Ort und sah dort de Lugo mit einer Schar Soldaten sitzen, die den Anschein erweckten, als seien sie lediglich da, um ihren Anführer zu schützen und der Verhandlung einen würdigen Rahmen zu verleihen. In Wahrheit aber lagen mehrere hundert Soldaten im Umkreis bereit und warteten auf ein Zeichen von Lugo. Ohne Warnung eröffneten sie das Feuer auf die Guanchen und stürmten aus ihren Verstecken hervor.

Viele Krieger brachen, von eisernen Kugeln tödlich getroffen, zusammen. Sodann entbrannte ein erbarmungsloser Kampf, der auf beiden Seiten viele Tote und Verletzte forderte. Auch Ugranfir, der mit seinem Körper den Mencey schützte, wurde von einem eisernen Degen durchbohrt.

„Soviel ist also vom Wort eines Christen zu halten!" schrie Tanausú, als er merkte, dass die Schlacht ihrem Ende zuging. Er sah sich von Soldaten umringt, wurde von einem Dutzend Fäusten zu Boden gerissen und gefesselt. Gleich den wenigen anderen Überlebenden wurde er in Ketten gelegt und aufs Schiff geführt. Alonso de Lugo indes wandte sich ab, als sei nichts geschehen.

An Bord des Schiffes stand Tanausú an den Mastbaum gefesselt und sah die Küste von La Palma kleiner werden und schließlich verschwinden. Nach Spanien sollte er gebracht werden, eine besondere Fracht und wertvolle Beute für den fremden König im fernen Madrid.

Tanausú zog es jedoch vor zu sterben, anstatt das elende Schicksal eines Sklaven zu erleiden. „Vacaguaré!" rief er, was in seiner Sprache so viel bedeutet wie: „Ich möchte sterben!"

Keinen Tropfen Wasser und keinen Bissen Brot nahm er danach mehr zu sich. Als das Schiff in Spanien anlegte, musste man seinen Leichnam von Bord tragen.

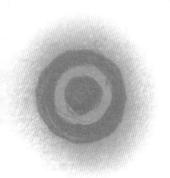

Idafe

Auf der Insel La Palma, die korrekt und vollständig San Miguel de la Palma heißt, erhebt sich aus dem riesigen, bewaldeten Kraterkessel der Caldera de Taburiente ein einzelner mächtiger Monolith. Diese weithin sichtbare Felsspitze wird Roque Idafe genannt, der heilige Felsen Idafe.

Die Guanchen glaubten, dass manche besonders geformten Steine von Geistern beseelt seien. Diese „Seelensteine" galten als Wohnsitz der Stammeltern, Orahan und Moneiba; auf ihnen trafen sie sich, um Abora zu schaffen, die göttlich wirkende Kraft, aus der aller Segen für Mensch, Tier und Pflanze seinen Ursprung hat.

Dem Idafe kam indes, im Unterschied zu gewöhnlichen Seelensteinen, noch eine andere Bedeutung zu. Er war die Himmelssäule, die Ataman, den Himmel, zu stützen hatte. Die Guanchen lebten nämlich, ähnlich wie wir es von Asterix und den Kelten her kennen, in der ständigen Furcht, ihnen könnte eines Tages der Himmel auf den Kopf fallen. Also musste man den Idafe im Auge behalten, ihn schützen und ihn mit Opfergaben wohlwollend stimmen. Wie das Ritual im Detail verlief, darüber gibt es genaue Berichte.

Aus allen Tieren, die zur Nahrung dienten, trennte man die Eingeweide heraus und verwahrte sie in besonderen tönernen Gefäßen. War genug davon beisammen, gingen zwei dafür ausgewählte Männer zum Idafe und stellten die Gefäße an die Opferstelle davor. Der erste Mann, der die Eingeweide getragen hatte, sang: „i - wida - i - gwan a - Idafe", was bedeutet: „Er wird umfallen, der Idafe". Und der andere Mann antwortete darauf: „gwerte i - gwan taro". In der Übersetzung heißt das ungefähr: „Gib ihm etwas von dem, was du trägst, und er wird nicht umfallen". Darauf fragte wieder der erste Mann besorgt: „Wird er es annehmen, wird er es nehmen?" Und die Antwort lautete: „Füttere ihn, gib ihm reichlich zu essen."

Sodann leerten sie die Gefäße und bestrichen mit den Eingeweiden den Felsen. Schließlich gingen sie weg, ohne sich umzusehen, denn sie wussten, dass sich der Idafe in verwandelter Form der Nahrung bediente. Raben, Krähen und Geier würden kommen, die allesamt Abora waren, Geschöpfe, die Orahans und Moneibas Liebe in den Lüften geschaffen hatte, und sich an der Opfergabe gütlich tun. Es war aber wichtig, sich nicht umzudrehen, denn es konnte ja sein, dass die Vögel gerade erst in der Luft entstanden, und diese Verwandlung zu sehen, war ausschließlich den Harimaguadas, den heiligen Jungfrauen, vorbehalten.

Eine Ausnahme gab es von dieser Regel. Der Mencey der Caldera, dessen Reich in der Guanchensprache Aceró hieß, durfte zu bestimmtem Anlässen allein und ohne Gefolge den Idafe besteigen. Auf einer Plattform saß er dann und wartete auf das

Erscheinen des Geistes aus dem Felsen. Dieser Geist war der eigentliche Idafe, und der Mencey musste die Augen abwenden, wenn er erschien.

Es war ja auch nicht wichtig, seinen Körper zu sehen. Wesentlich allein war seine Stimme, die Antwort gab, wenn man sie befragte. Der Mencey unterhielt sich mit ihr und versuchte, auf diese Weise herauszufinden, was der Wille der Urahnen war. Wenn er dann zurückkam zum Stamm, sagte er: Der Idafe hat mit mir gesprochen. Er hat dies und dies gesagt...

Es soll auch vorgekommen sein, dass die Fragen, die der Mencey stellte, sehr schwierig waren und von außerordentlich großer Bedeutung für das Schicksal des Stammes. Dann musste er lange auf dem Felsen ausharren, mehrere Tage und Nächte ohne Nahrung und Schlaf und dem Idafe ehrerbietig lauschen. Die Unterhaltung mit ihm war nicht immer leicht, denn die Fragen mussten richtig gestellt werden. Nur so gab der Idafe auch richtige Antwort. Wenn es ihm zuviel wurde oder er die Fragestellung als ungenau und lästig empfand, dann verschwand er einfach und löste sich in einer Rauchwolke auf.

Auch der günstigste Zeitpunkt für einen Besuch auf der Plattform war von Belang; wir wissen jedoch nicht, wie solche Tage und Zeiten errechnet wurden. Vielleicht gab es irgendwelche Zeichen, die dem Mencey erschienen und ihm einen Hinweis gaben, dass der einzig mögliche Augenblick für ein Gespräch nahe war.

Aber der Idafe konnte den Menschen auch noch in anderer Wesenheit erscheinen, als Iruene nämlich, in der Gestalt eines dämonischen, struppigen Hundes. Dann erschreckte er Wanderer durch sein plötzliches Auftauchen, machte sich jedoch auch manchmal als Fährtensucher und Bote dienlich.

Eine Begebenheit dieser Art soll vor gar nicht so langer Zeit wirklich geschehen sein, jedenfalls schwören einige alte Palmeros darauf. Es ist aber nicht auszuschließen, dass es sich um die Reste eines uralten Märchens handelt, das immer noch in den Köpfen der Einheimischen spukt.

Eines Tages, so erzählt man sich, war ein Mann aus Los Llanos de Aridane unterwegs in die Caldera de Taburiente, um den Zustand der Wasserleitung zu überprüfen. Das Trinkwasser für die meisten palmerischen Orte wird nämlich aus den Quellen des Kraters gespeist, in sogenannten Galerías gesammelt und in einem komplizierten, verzweigten System aus Röhren dorthin geleitet, wo man es braucht. Früher gehörte dieses Wasser einigen wenigen Familien, die ein regelrechtes Wassermonopol besaßen und das Trinkwasser verkauften, vermieteten oder auch Aktien für lebenslanges Nutzungsrecht ausgaben. Hatte ein Plantagero eine gewisse Menge Wasser erworben, so wurde es bis zum Sammelbehälter am Haus geführt; in der Stunde liefen dann soundsoviel Liter in den Tank auf dem Dach, beziehungsweise ins Überlaufbecken.

War nun die freiliegende Leitung, die Tubería, unterwegs irgendwo defekt, so sprudelte das kostbare Nass ins Freie und versickerte an einer Stelle, wo man es nicht brauchte. Es soll auch Leute gegeben haben, die auf Grund von Familienfehden oder Grenzstreitigkeiten die Wasserleitung des Nachbarn mutwillig unterbrachen.

Schlimmer noch als dies waren die Zerstörungen, die natürliche Ursachen hatten, durch Regenfälle ausgelöste Erdrutsche zum Beispiel, die den Wasserlauf an schwer zugänglichen Stellen in der Caldera beschädigten.

Unser Mann aus Los Llanos de Aridane war also unterwegs und lief – wie es die meisten Einheimischen tun – auf der Wasserleitung entlang. Dazu musste man schon schwindelfrei sein, denn stellenweise führte der schmale Betonpfad, der die Leitung barg, in mehreren hundert Metern Höhe direkt neben dem Barranco de las Angustias, der Schlucht der Todesängste, entlang.
Der Mann setzte sicher Fuß vor Fuß, schritt ruhig dahin, ohne den Blick nach links schweifen zu lassen, wo er sich in unergründlicher Tiefe verlieren und die Sinne aus dem Gleichgewicht und ins Trudeln bringen könnte. Er kannte den Weg, er war ihn schon viele Male gegangen. Und dennoch kam es ihm vor, als wäre heute irgendetwas anders als sonst. Lag es daran, dass er gestern auf der Fiesta gewesen war, noch ein Rest vom schweren, süßen Vino aus Puntagorda in seinen Adern kreiste? Er wusste es nicht und dachte auch nicht nach darüber: wer zuviel mit seinen Gedanken beschäftigt ist, macht schnell einen falschen Schritt, und eine geringfügige Unachtsamkeit konnte hier das Leben kosten.
Er erschrak, als er direkt über sich ein dunkles, krächzendes Rufen vernahm. Er hob den Kopf, wischte sich den Schweiß von der Stirn und kniff die Augen gegen die Sonne zusammen. Da sah er ein Rabenpaar dicht an der Felswand entlang segeln. Sie riefen sich etwas zu, und dem Mann war es einen Moment lang, als gelte der Ruf ihm, und das irritierte ihn.
Er taumelte, strauchelte, fasste sich wieder und ging weiter. Eine volle Stunde lang ging er so, ohne dass etwas geschah. Plötzlich hörte er ein verdächtiges Geräusch hinter sich und drehte sich um. Er glaubte, einen dunklen Schatten wahrzunehmen, der im nächsten Augenblick schon zwischen den mächtigen Stämmen

der Teabäume verschwunden war. Ein Mensch konnte das nicht sein, der würde herankommen und sich nicht verbergen. Raubtiere aber gibt es auf La Palma nicht.

Der Mann schüttelte den Kopf und ging weiter. Wieder hörte er das Geräusch hinter sich, ein Schleichen und Rascheln, und er ging schneller, denn es begann, ihm unheimlich zu werden. Als das Geräusch nicht aufhörte, schlüpfte der Mann hinter einen Baum und verbarg sich so gut er konnte.

Nun sah er den Schatten herankommen und vorbeiziehen, ohne genau sagen zu können, was das eigentlich sei. Dem Mann schlug das Herz merkwürdig laut in der Brust, und er wartete eine gute halbe Stunde ab, bis er in der Lage war weiterzugehen. Er musste ja die Stelle finden, wo die Wasserleitung beschädigt war.

Wie aber erschrak er, als er um die nächste Biegung kam! Da stand mitten auf dem Weg ein furchtbares Untier, halb Hund, halb Dämon, zottig und mit entsetzlichen Augen.

Dem Mann setzte der Atem aus, er geriet in Panik und konnte doch den Blick von dem Untier nicht lösen. Zentimeter um Zentimeter wich der Mann zurück, und das Tier kam grollend auf ihn zu. Jetzt wandte sich der Mann, der ansonsten gewiss kein Feigling war, zur Flucht und lief auf der schmalen Wasserleitung um sein Leben. Kaum aber hatte er die Biegung hinter sich gebracht, da krachte es hinter ihm, und als er flüchtig über die Schulter blickte, da donnerte eine Steinlawine genau über die Stelle hinweg, an der er eben noch gestanden hatte, und polterte tosend in die Schlucht.

Der Hund aber, der ihm gefolgt war, ihn überholt und am Weitergehen gehindert hatte, war plötzlich verschwunden.

Da eilte der Mann, kreideweiß im Gesicht, nach Los Llanos

zurück, rief bei den ersten Häusern um Hilfe und erzählte jedem, den er unterwegs traf, er habe in der Caldera eine Begegnung mit dem Iruene gehabt.

Dieser Legende zum Trotz gehen heute jedes Wochenende ganze Familien auf der Wasserleitung spazieren. Die alten Palmeros indes behaupten noch jetzt, dass es in der Caldera de Taburiente und um den Roque Idafe nicht ganz mit rechten Dingen zugehe.

Die Eroberung von Teneriffa

Als letzte von den Kanarischen Inseln eroberten die Spanier Teneriffa, und es war wieder der berüchtigte und für seine Grausamkeit bekannte Fernandez Alonso de Lugo, der sich dabei besonders hervortat.

Mächtige Menceys herrschten damals auf der Insel und hatten bisher jeden Eroberungsversuch zurückgeschlagen. Allerdings war es eifrigen Missionaren auch hier gelungen, den Keim der Zwietracht zu sähen: nur die Stämme von Tegueste, Tacoronte und Taoro verbündeten sich zum Widerstand. Die anderen zogen es entweder vor, sich allein zu verteidigen, verhielten sich neutral oder schlössen sich gar zu einer sogenannten Friedenspartei zusammen, die die Missionierung in ihren Gebieten duldete.

Dieses unterschiedliche Verhalten der Stämme machte es Fernández Alonso de Lugo leicht, seinen Eroberungsfeldzug zu beginnen. Als er am Strand von Añaza (heute: Santa Cruz de Tenerife) landete, führte er 1200 Männer mit sich, in der überwiegenden Zahl Festlandspanier, aber auch einige Eingeborene

der Inseln, die inzwischen den Lebensstil der Eroberer angenommen hatten. Er traf auf keinen nennenswerten Widerstand und beschloss daraufhin, weiter nördlich nach Aguere (heute: La Laguna) vorzustoßen.
Benchomo, der Mencey von Taoro, kam ihm mit dreihundert Kriegern entgegen, um herauszufinden, was Lugo vorhatte. Durch den Dolmetscher Guillén Castellano ließ dieser dem Mencey sagen:
„Wir sind gekommen, um Freundschaft zu suchen und bitten euch, unseren Glauben, das Christentum, anzunehmen, damit ihr von Heiden zu richtigen Menschen werdet, und ferner, euch dem großen und überaus mächtigen König von Spanien zu unterwerfen und anzuvertrauen, damit er euch beschützen kann, wie er überall in seinem Reich seine Untertanen wie geliebte Kinder beschützt."
Benchomo dachte über das Gehörte kurz nach und entgegnete dann:
„Was die Freundschaft anbelangt, so braucht man sie nicht zu suchen, sie ist überall. Kein Mensch verweigert einem anderen die Freundschaft, der ihn nicht angreift oder beleidigt, denn die Freundschaft ist ein gemeinsames Gut, das allen gehört. Auch ihr könnt reichlich davon genießen, wenn ihr bereit seid, soviel zu geben, wie ihr nehmt. Geht aus meinem Land, sucht euch Orte und Plätze, wo noch niemand wohnt und lasst euch dort die Früchte der Felder und Bäume schmecken, so will ich ein guter Nachbar sein.
Was aber das Christentum betrifft, so weiß ich nicht, was das ist und warum diese Sache gut für uns sein soll. Richtige Menschen sind wir schon und brauchen weder einen Marterpfahl, noch

einen Leichnam daran. Und was den großen König angeht, so kommt er für uns nicht infrage. Erstens haben wir eigene Kinder, die wir lieben und gut beschützen, und zweitens können wir das nur, solange wir stehen und uns nicht hinwerfen, wie das der fremde König verlangt."
So antwortete Benchomo und fügte noch hinzu, mehr habe er im Augenblick nicht zu sagen. Er ziehe sich jetzt mit seinen Kriegern zurück und warte ab. Den Fremden aber riet er, über seine Worte nachzudenken.
Fernández de Lugo beschloss, nicht viel auf das Gerede des Wilden zu geben. Just in jenem Tal, in dem Benchomo regierte, ließ er sich nieder. Nach ein paar Tagen brach er nach Tegueste und Tacoronte auf und stieß nirgends auf Widerstand. Wie vom Erdboden verschluckt waren die Einheimischen, ihre Häuser und Hütten verlassen.
Als er weiterzog und Taoro (das heutige Orotava) erreichte, fand er das liebliche Tal schweigend. Nur Tierlaute verrieten, dass die Gegend ansonsten dicht besiedelt war. Überall liefen Schafe und Ziegen herum. Auf Befehl Lugos trieben die Spanier das Vieh zur Beute zusammen und machten sich dann auf den Rückzug. An der Schlucht von Acentejo versperrten ihnen dreihundert Guanchen den Weg, die von Benchomo unter der Führung seines Bruders Tinguaro vorausgeschickt worden waren. Nachdem die Einheimischen den Viehraub entdeckt hatten, griffen sie wildentschlossen an und ließen den überraschten Spaniern keine Zeit, ihre Feuerwaffen zu benutzen.
Kurz erst wütete der Kampf Mann gegen Mann, als die Soldaten in ihrem Rücken Kriegsgeschrei hörten; sie wandten sich um und gewahrten Benchomo mit der Hauptmacht seiner

Krieger. Jetzt begann die Schlacht erst richtig, und als der Tag sich neigte, lagen mehr als neunhundert Soldaten erschlagen auf dem Feld.

Dem Rest von dreihundert Mann, darunter auch neunzig Kanariern, gelang die Flucht in die Berge. Viele waren verwundet, und auch Lugo hatte eine schlimme Wunde am Mund davongetragen. In solchem Zustand, von Ängsten geplagt, ersann er dennoch eine List. Hastig wechselte er mit einem Kanarier die Kleidung und teilte die Männer in zwei Gruppen auf, die sich getrennt durchschlagen sollten.

Noch vor Sonnenaufgang griffen die Guanchen von neuem an. Den Mann, der Lugos Kleidung trug, jagten sie bis zu einem Abgrund und töteten ihn mit Lanzenstichen. Die restlichen Leute, dreißig Spanier, die um ihr Leben baten, wurden entwaffnet und danach laufen gelassen. Lugo und die anderen aber entkamen bis Añaza, wo sie in der Festung Santa Cruz Unterschlupf fanden.

Sie waren so geschwächt und so wenige, dass sie einen erneuten Angriff nach Norden nicht wagen konnten. Während Lugo darniederlag und seine Verwundung kurierte, stieß das Schiff in See, um Verstärkung von den anderen Inseln zu holen.

Mit siebenhundert Spaniern, fünfhundert kanarischen Hilfstruppen an Bord sowie mit frischer Verpflegung und neuen Waffen kehrte es zurück. Lugo stellte nun in aller Eile sein Heer zusammen und brach wiederum nach Norden auf. Bei Aguere warteten Benchomo und seine Verbündeten mit mehr als 5000 Kriegern. Es entwickelte sich eine erbitterte Schlacht, in der sehr viele Guanchen den Tod fanden, waren ihre Waffen doch denen der Spanier hoffnungslos unterlegen.

An diesem blutgetränkten Tag kämpfte Benchomo zuweilen allein gegen sieben Gegner. Schwer verletzt floh er schließlich in die Berge auf den San Roque zu. Der spanische Kapitän Buendía stellte ihm nach und versetzte ihm den Todesstreich. Auch der tapfere Tinguaro ließ bei den Kämpfen sein Leben. Als die Guanchen nun sahen, dass zwei ihrer Edelsten gefallen und viele Krieger getötet waren und es zudem sinnlos schien, den Kampf fortzusetzen, zogen sie sich zurück.

Ihren Gesetzen entsprechend wurde Bentor, der Sohn von Benchomo, noch am gleichen Tag zum neuen Mencey ausgerufen. Bentor war noch jung an Jahren, aber bereits ein Krieger, der sich durch Mut und Geschicklichkeit ausgezeichnet hatte.

Lugo befahl indessen, Benchomos Leichnam den Kopf abzutrennen und schickte ihn, in ein Tuch gehüllt, zu den Feinden hinüber. Dabei ließ er verkünden, dass dies das Zeichen der letzten Möglichkeit sei, sich der spanischen Krone zu unterwerfen.

Man überbrachte Bentor also den Kopf seines Vaters. Er nahm ihn jedoch nicht an, sondern schickte den Boten zu Lugo zurück mit der Antwort, er möge den Kopf dorthin legen, wo sich der Körper befinde. Entsetzt sei er im Übrigen nicht; jeder solle sich gefälligst um seinen eigenen Kopf kümmern...

Da es trotz weit überlegener Waffen kein Leichtes war, die Guanchen zu besiegen und zudem der warme Sommer bevorstand, beschloss Lugo, sich mit seinem Heer ins Lager von Santa Cruz zurückzuziehen und sich auf die alles entscheidende Schlacht vorzubereiten. Bei den Guanchen brach inzwischen eine verheerende Seuche aus, die viele dahinraffte und die Stämme erheblich schwächte.

Lugo wählte den vierundzwanzigsten Dezember, um vorzurücken. In der Heiligen Nacht erreichte er das Gelände, das er für den Kampf ausgewählt hatte. Es lag zwar in der Nähe jener verhängnisvollen Schlucht von Acentejo, bot aber die Möglichkeit, nach Belieben die Feuerwaffen einzusetzen.

Am Morgen des fünfundzwanzigsten Dezember ließ er auf freiem Feld eine kurze Andacht abhalten; es ginge um Sieg oder Tod, verkündete er anschließend und gab dann den Soldaten das Zeichen zum Angriff.

Geschickt lockten die Spanier ihre Gegner in die freie Ebene, zogen sich scheinbar zurück, um dann das Feuer zu eröffnen. Dennoch dauerte die Schlacht viele Stunden und forderte auf beiden Seiten zahllose Opfer.

Als die Spanier merkten, dass sie diesmal siegen würden, begannen einige „Victoria!" zu rufen. Der Schrei pflanzte sich fort und stachelte die Männer noch einmal zu Äußersten an. Unter ihrem wütenden Ansturm brach der Widerstand der Guanchen zusammen; mehrere Hundert von ihnen gerieten in Gefangenschaft, die anderen flohen in die Berge. Der junge Mencey Bentor aber, der sein Heer zerschlagen und seine Leute fliehen sah, stürzte sich in der Nähe des Tigaiga in den Tod, wie es bei den Guanchen Brauch war, wenn kein anderer Ausweg mehr blieb.

Die Mutter aus dem Meer

Tagelang wütete ein heftiger Sturm über der Insel Teneriffa und trieb, besonders an der Ostseite der Insel, das Meer in wildschäumenden Wogen an die Küste. Zitternd saßen die Fischer in ihren Hütten und wagten sich nicht hinaus, denn sie wussten, bei einem solchen Unwetter würden ihre kleinen Drachenbaumboote wie Nussschalen durch die wütende See geworfen; ein Spielball der Wellen wären sie, und so mancher von ihnen würde dabei sein Grab in den Tiefen des Meeres finden. Nein, da war es wohl besser, zu Hause zu bleiben und abzuwarten, bis sich die zürnenden Geister des Meeres beruhigt hatten. Sie spannten die Felle dichter vor die Türen, rückten enger zusammen und warteten auf das Ende des großen Sturms.
Nur einer war draußen, Bentagay, ein besonders mutiger Guanchenjunge, der große Geschicklichkeit im Sammeln von Muscheln und Meeresschnecken besaß, sich stets weiter als andere Kinder vorwagte, wenn es darum ging, die steilen Grate der Küste hinabzuklettern, um den Korb mit Meeresfrüchten zu füllen.

Auch an diesem nasskalten, stürmischen Morgen war er also unterwegs, achtete wenig auf das Heulen des Windes, blickte nicht zum Himmel empor, an dem sich schwere, fast blauschwarze Wolken türmten. Er hatte nur Augen für die unmittelbare Umgebung, die vielen vom Wasser in den Stein gefressenen Mulden und Becken, in denen sich das Meerwasser gesammelt hatte. Hier gab es Schnecken und Muscheln zuhauf; reiche Beute versprach dieser Tag, zusehends füllte sich sein Korb.
Er befand sich in der Nähe des Ortes Candelaria, südlich des Dorfes Punta del Socorro, und näherte sich einer Stelle, von der er wusste, dass dort eine geräumige Grotte lag. Erst wenige Male war er dort gewesen und hatte jedesmal reichlich Beute gefunden; bestimmt würde es diesmal nicht anders sein.
Vorsichtig schritt er vorwärts, denn noch immer kamen vom Meer hohe Wellen heran, die gischtweiß und spritzend bis zu seinen Füßen leckten und gierig nach ihm griffen. Der Pfad bis zur Grotte wurde immer schmaler, führte immer dichter am Meer vorbei. Sollte er es wagen? Er wagte es. Mit angehaltenem Atem und klopfendem Herzen setzte er die Füße, überwand die enge, gefährliche Stelle, ohne von den heranstürmenden Wogen erfasst zu werden. Noch eine Biegung, dicht mit dem Körper an den Felsen gepresst – dann hatte er das unwegsame Stück passiert und die Grotte erreicht.
Doch wie erschrak er, als er auf dem kurzen Geröllstrand davor eine Gestalt erblickte! Da lag ein Mensch auf den Steinen. Kein Zweifel, es musste ein Leichnam sein, ein Opfer des Meeres, das die Brandung angespült hatte. Er ging ein paar Schritte näher und sah, dass es eine Frau war, die in seltsam steifer Haltung dalag. Merkwürdig war ihr Aussehen und am ungewöhnlichsten

ihr Gesicht. Sie hatte nämlich die Augen geöffnet und lächelte Bentagay an. Augenblicklich schlug ihn ihr Lächeln in den Bann, so dass der Junge stand und staunend starrte und sich nicht zu rühren wagte.

Schließlich nahm er allen Mut zusammen und traute sich näher heran. Da merkte er, dass es keine wirkliche Frau war, sondern eine beinahe lebensgroß geschnitzte Figur aus Holz. Bentagay bückte sich und berührte sie vorsichtig mit den Fingerspitzen. Wie schön sie aussah! Welch kostbares Gewand sie trug, obgleich es nur auf das Holz aufgemalt war – ein verzierter Umhang, der als Haube ihren Kopf umschloss. Eine goldene Krone saß darauf, und in der einen Hand hielt sie einen Stab. Mit der anderen Hand aber – und hier staunte Bentagay noch mehr – umfing sie ein winziges Kind, das ebenfalls mit einer kleinen Krone geschmückt war. Wer war diese Frau? Die Königin eines fremden Volkes? Und was sollte das Kind auf ihrem Arm bedeuten? Bentagay wusste nicht genau, was und warum er es tat – er nahm die Figur, hob sie vorsichtig auf und trug sie ins Innere der Grotte. Dort war ein Platz, der trocken lag und weit genug vom Zugriff des Meeres entfernt. Auf diesen Fleck stellte er die hölzerne Statue, und als er sie aufgerichtet hatte, verneigte er sich demütig vor der Gekrönten. Vielleicht war sie ja ein Abbild der Mutter, der großen Mutter des Meeres...

Dann wandte er sich um und lief, so schnell er konnte, zu seinem Dorf zurück. Zur Hütte des Ältesten lief er und berichtete aufgeregt über seinen außergewöhnlichen Fund. Der Dorfälteste und alle, die in seiner Nähe waren und von der Neuigkeit hörten, brachen sofort auf, um das Wunder selbst in Augenschein zu nehmen.

Furcht verspürten sie keine mehr, denn der Sturm hatte sich plötzlich gelegt, zerblasen waren die düsteren Wolken, und eine mild wärmende Sonne strahlte vom Himmel herab. Als die Guanchen die Grotte erreichten, blieben sie allesamt staunend und ehrfürchtig stehen. Nie zuvor hatten sie eine solche Figur gesehen. Erhaben, prunkvoll und gütig zugleich stand die Mutter des Meeres da und lächelte die Betrachter an. Die Leute schwiegen andächtig, bis der Dorfälteste die nachdenkliche Stille durchbrach und entschied, dass es sich nur um das Abbild einer unbekannten, segenbringenden Göttin handeln konnte, der es Ehrerbietung zu zollen galt. Die See hatte sie angespült, das Meer hatte ihnen eine Botschaft gegeben.

So wurde die fremde Göttin mit dem Kind auf dem Arm, von der niemand wusste, woher sie kam, über hundert Jahre lang von den Einheimischen verehrt. Sie verehrten sie noch, als die spanischen Eroberer kamen, die sich Christen nannten und das Zeichen des Kreuzes mit sich trugen. Die führten gegen die Guanchen Krieg und unterwarfen Stamm um Stamm auf der Insel, bis Bentor, der letzte Mencey, den Tod der Gefangenschaft vorziehend, sich in eine abgrundtiefe Schlucht stürzte.

Als die Spanier zum heutigen Candelaria kamen, die merkwürdige Geschichte hörten und in der Grotte das Standbild fanden, staunten auch sie.

„Das ist ja die heilige Mutter, die Jungfrau Maria mit dem Jesuskind", sagten sie und wunderten sich, dass die Guanchen sie schon seit so vielen Generationen verehrten.

San Blas wurde die Grotte von nun an genannt, und auch die Eroberer pilgerten dorthin, um ihre Bitten an die heilige Mutter zu richten.

Viele Jahre stand die hölzerne Figur noch in der Grotte, bis zum Jahre 1826, als Teneriffa erneut von einer heftigen Sturmflut heimgesucht wurde. Tagelang wütete das schreckliche Unwetter an der Küste, und als es vorüber war, entdeckte man, dass das Meer die Statue mit sich gerissen hatte. So rätselhaft wie sie kam, so verschwand sie auch wieder in den unergründlichen Tiefen des Atlantischen Ozeans.

Heute gibt es nur eine Kopie dieser Madonna zu sehen, die der spanische Bildhauer Fernando Estévez schuf. Sie wurde zuerst in der Grotte, 1958 dann in einem nahegelegenen Kirchlein aufgestellt, zu dem alljährlich am vierzehnten und fünfzehnten August Wallfahrten zu Ehren der Virgen de Candelaria stattfinden. Auf der dem Meer zugewandten Seite des Kirchplatzes aber stehen die Statuen der Guanchenkönige, die zur Zeit der spanischen Eroberung regierten und Zeugen des Wunders gewesen waren.

Fuerteventura

Der ursprüngliche Name der Insel, den ihr die Einheimischen gaben, ist in Vergessenheit geraten. Wir wissen aber, wie sie zu ihrem heutigen kam:

Zwei Abenteurer auf der Suche nach Schätzen, Reichtum und Ansehen hatten sich aufgemacht, fremde Länder zu erobern – der normannische Edelmann Jean de Bethencourt und sein spanischer Kollege Gadifer de la Salle. Die Insel Lanzarote war ihnen nahezu kampflos in den Schoß gefallen, denn sie wurde ständig von Seeräubern heimgesucht und ausgeplündert, so dass die Einwohner froh waren, mit den neuen Herren zugleich auch einen sicheren Schutz zu erhalten.

Mit der südlichen Nachbarinsel verhielt es sich jedoch anders. „Fuerte ventura" – starkes Abenteuer – nannte Bethencourt sie, und ein starkes Abenteuer war es wohl auch, sie in Besitz zu nehmen.

Fuerteventura war nämlich ein in vieler Hinsicht eigenartiges Land. In zwei Königreiche war es aufgeteilt: Maxorata im

Norden und Jandía im Süden. In Maxorata regierte Guize und in Jandía Ayoze. Die beiden Könige konnten sich nicht besonders gut leiden, was auf einem Familienzwist beruhte, der schon seit vielen Generationen währte. Sie hatten eine riesige Steinmauer, die sogenannte Zyklopenmauer, errichten lassen, die quer über die ganze Insel lief und als Grenze für beide Reiche diente.

Unüberwindlich schien diese Mauer zu sein, und die wenigen passierbaren Stellen wurden Tag und Nacht von Kriegern bewacht, die kontrollieren mussten, wer über die Grenze zog und warum. Es gingen jedoch nicht viele Leute über die Grenze; die Menschen waren sesshaft und wenig reisefreudig, und der Handel fand nur an bestimmten Plätzen statt. Zudem wuchsen überall auf der Insel die gleichen Früchte, schwammen die gleichen Fische in den Ufergewässern, und die wilden Vögel störte es nicht, über die Grenze zu fliegen, um sich bald hier, bald dort niederzulassen.

Und dann gab es noch etwas, das über die Grenzen der beiden Königreiche hinweggriff; es stammte aus uralter Zeit und hatte noch immer seine Gültigkeit: das war die Herrschaft der beiden Frauen. Tamonante und Bibiabin hießen sie und waren den beiden Königen in allem überlegen und übergeordnet. Aufs höchste geachtet wurden sie vom Volk, und ihr Wort war Gesetz.

Tamonante leitete die Angelegenheiten des Rechtes; Widersprüche und Zwistigkeiten zwischen den Herzögen und Edlen der Insel entschied sie, und sie musste sogar eingreifen, wenn Guize und Ayoze sich über etwas nicht einigen konnten. Und das geschah oft.

Sie reiste daher viel auf der Insel herum, um überall Recht sprechen zu können. Die Grenze, die Zyklopenmauer, bedeutete ihr nichts. Demütig senkten die Wachen den Kopf, wenn sie daherkam und von schnellen Läufern in einer Art Sänfte vorübergetragen wurde. Und auch Guize und Ayoze respektierten sie und überließen ihr bei allen Dingen von Belang die Entscheidung.
Tamonante war eine hohe, aufrechte Erscheinung, stolz einherschreitend, mit Augen wie Leuchtfeuer, die alles zu durchdringen schienen. Wen Tamonante auf diese Weise ansah, der wagte nicht zu lügen oder das, was er wusste, zu verschweigen.
Die andere, Tibiabin, war ebenso groß, eine ehrgebietende Erscheinung, aber nicht hellhäutig und blondhaarig wie Tamonante, sondern dunkel. Dunkel, fast bronzefarben, war ihre Haut und beinahe schwarz ihr Haar, das offen um ihre Schultern floss; dunkel waren auch ihre Augen, die kein Sonnenlicht brauchten, um die Wahrheit zu erkennen. Nachts, beim flackernden Schein der Feuer oder in der Rabenschwärze finsterer Höhlen vermochte sie Vergangenes, Gegenwärtiges und Zukünftiges klar und deutlich zu sehen. Priesterin und Prophetin war sie und verkörperte für die Stämme der Insel die große Erdmutter, die als die höchste Göttin verehrt wurde.
So herrschten also zwei Frauen über die Insel und bescherten ihr lange Zeiten des inneren Friedens.
Nach außen hin aber mussten die Inselbewohner wachsam und vorsichtig sein, denn immer häufiger näherten sich Piraten den Küsten, deren einziges Ziel es war, Beute zu machen. Überraschend schlugen sie zu, raubten und plünderten, nahmen vor allem Sklaven und verschwanden wieder. Gegen diese Piraten-

überfälle waren selbst die beiden Könige mit ihren Kriegern machtlos, denn die Sklavenjäger kamen wie die Schatten der Nacht. Gnadenlos schlugen sie zu und verschonten niemanden, zumal ihre Waffen den einfachen Holzkeulen, Lanzen und Messern der Inselbewohner überlegen waren.

In den letzten Jahren der Herrschaft von Guize und Ayoze nahmen die Überfälle so Überhand, dass viele Menschen von den Küsten weg tiefer ins Land flohen. Angst breitete sich aus; nahten die weißen und schwarzen Segel mit dem Levante von Osten her, verfielen manche in so tiefe Verzweiflung, dass sie es vorzogen, Selbstmord zu begehen anstatt sich einem aussichtslosen Kampf zu stellen. Wie oft rief Tibiabin in solchen Nächten die große Göttin an und wandte sich dann an ihr Volk, um es zu beruhigen und ihm neue Hoffnung zu geben:

„Ihr wisst, dass ich die Gabe des zweiten Gesichts habe und vieles klar und deutlich vor mir sehe, was erst in Zukunft geschehen wird. Licht sehe ich, sage ich euch. Helle Gesichter sehe ich kommen, Fremde mit weißer Haut, die unsere Freunde sind und bereit, uns beizustehen und gegen die Piraten zu schützen. Niemand von uns wird ihre Sprache verstehen, aber das ist nicht von Belang, habe ich doch in das Herz jenes bärtigen Fremden mit der Mütze geblickt und erkannt, dass es trotz aller Unruhe gut ist und er uns helfen will."

Guize jedoch sprach zu seinen Kriegern: „Tibiabins Worte sind mir unverständlich. Wie kann von außen, über die See, etwas Gutes zu uns kommen? Alle Fremden wollen doch das gleiche; Besitzgier und Mordlust treibt sie her wie hungrige Tiere, sie kommen zum Morden und Plündern. Warum sollen also gerade jene Fremden, die Tibiabin sah, anders sein? Ich weiß, sie ist eine Seherin und hat sich noch niemals geirrt... Aber dennoch werde ich meine Leute unter Waffen halten und abwarten, was geschieht."

Und Ayoze sagte: „Wenn sich Guize an das hält, was Tibiabin weissagt, so soll es mir recht sein. Er gibt ohnehin mehr auf die Götter als auf den klaren Verstand. Aber wie, wenn er sich mit den Fremden verbündet, nur zu dem Zweck, mein Land zu unterwerfen und auszurauben? Wie auch immer, mögen die Fremden im Norden landen und sich dort als Retter feiern lassen... Kommen sie jedoch nach Süden und setzen nur einen Fußbreit über die Grenze, dann sollen sie unsere schneidenden Steine spüren und die Schärfe unserer Klingen."

Tamonante hörte vom Widerstand Ayozes und reiste zu ihm, um ihn an die Worte Tibiabins zu binden. Doch Ayoze blieb unnachgiebig. Nur zum Schein fügte er sich und sammelte indes heimlich seine Leute in den Bergen.

Das war der Grund, warum es zu Kämpfen kam, als Jean de Bethencourt auf der Insel anlangte. Wie Tibiabin prophezeit hatte, landete er in friedlicher Absicht. Gadifer de la Salle befand sich nicht mehr in seinem Gefolge; mit ihm hatte er sich überworfen. Noch einmal wandte sich Tibiabin an das Volk und sprach über ihre Gesichte. Tamonante erklärte indessen die beiden Könige für abgesetzt, da sie sich geweigert hatten, das Orakel der Hohepriesterin anzunehmen und dem Gesetz zu folgen.

„Wenn wir kämpfen", sagte Tibiabin, „wird viel Blut fließen, und für jeden Fremden, den wir töten, werden zehn andere kommen, die schlechter sind. Die werden unser Land besetzen und uns den Boden wegnehmen, bis niemand mehr genug zu essen hat. Unsere Kinder werden verhungern, unsere Männer getötet und wir zum Spielzeug fremder Gebieter. Wollt ihr das? Wollt ihr das wirklich? Wenn wir uns aber friedlich einigen, dann wird alles besser. Wir bleiben auf unserem Grund und Boden, die Fremden schützen uns und helfen uns bei äußerer Gefahr. Lasst sie ruhig den Ton angeben und schweigt, wenn sie über unseren Glauben lachen. Jedoch, bewahrt das geheime Wissen in eurem Herzen! Ich sehe eine Zeit kommen, in vielen, vielen Generationen vielleicht erst, da werden die Fremden ratlos sein und uns um unser geheimes Wissen befragen, denn nur dadurch werden alle überleben können. Dann aber muss es noch Menschen auf der Insel geben, die die Wahrheit in ihrer Seele gehütet haben."

Als die Hohepriesterin dieses verkündet hatte und Tamonante denen, die sich gesetz- und ehrlos verhielten, schlimme Strafen androhte, bröckelte der Widerstand der Krieger in den Bergen ab. Mehr und mehr Männer legten die Waffen nieder und kamen aus ihren Verstecken hervor, um friedlich neben den Fremden zu leben.

Zuletzt erschienen auch Guize und Ayoze, beugten das Haupt vor Bethencourt, dem Eroberer, und dann geschah, was die weisen Frauen vorausgesagt hatten: Der Fremde ließ Guize und Ayoze nicht hinrichten, sondern setzte sie wieder in ihren Ländern ein und gab ihnen allen Grund und Boden zurück.

Bauern aus der Normandie kamen auf Wunsch des bärtigen Herrn, ließen sich auf Fuerteventura nieder und halfen ihren Nachbarn, mit neuen, besseren Methoden das Land zu bestellen. So trat ein, was die Seherin Tibiabin prophezeit hatte, und es gab – anders als auf den übrigen Kanarischen Inseln – eine langanhaltende Zeit des Friedens.

Attidamana

Auf Gran Canaria lebte einst ein Mädchen, das hieß Attidamana und stammte aus edlem Guanchengeschlecht. Schön und klug war sie und wurde wegen dieser Vorzüge von allen geschätzt. Zwar besaßen Frauen damals ohnehin ein besseres Ansehen als heute, Attidamana aber wurde besonders geehrt, denn sie war einst Harimaguada, eine Priesterin im Höhlenkloster des Barranco de Valerón gewesen, und es hieß, sie besitze die Gabe des zweiten Gesichts. Einmal soll sie gesagt haben:
„Ich sehe, dass der Zwist unter den Häuptlingen an dem Tag aufhört, wo die einen nach links sehen und die anderen nach rechts und beide das gleiche meinen."
Gewiss, diese Aussage ist dunkel und nebulös; sie sollte sich aber dennoch bewahrheiten. Und das kam so:
Eines Tages wurde Attidamana von einem Familienoberhaupt beschimpft. Das war nicht nur ungerecht, sondern obendrein zutiefst demütigend, zumal Attidamana solches nicht gewohnt war. Sie antwortete daraufhin:
„Du beleidigst mich, Ahnherr, und tust mir Unrecht, weil du heute von meiner Sonne lediglich den Schatten siehst. Eines

Tages aber wirst du auch ihr Licht erkennen, und obgleich deine Augen dann alt und schwach sein werden, wirst du geblendet stehen und mich um Verzeihung bitten."
Dieser kecke Widerspruch versetzte den Ahnherrn in größte Wut, so dass er Attidamana wild verwünschte. Da erzürnte sie sich und schwor, aller Welt zu beweisen, wie ernst es ihr mit diesem Ausspruch war.
Sie liebte einen tapferen Häuptling namens Gomidafe. Den heiratete sie und stachelte seinen Ehrgeiz an:
„Willst du denn immer nur einer unter vielen bleiben, wo dein Mut ausreichen würde, der größte von ihnen zu sein, der, dessen Worte Gesetz sind?"
Da begann Gomidafe, alle anderen Häuptlinge herauszufordern; mit einem nach dem anderen führte er Krieg und besiegte sie allesamt, bis er der oberste König der Insel wurde. Damit aber war Attidamanas Prophezeiung noch nicht in Erfüllung gegangen. Der Zwist unter den Häuptlingen hatte zwar etwas nachgelassen, weil jetzt der König das letzte Sagen hatte; aber wenn sie sich trafen und unterhielten, meinten sie noch immer Verschiedenes, wenn sie über dasselbe sprachen.
Nun gebar Attidamana ihrem Gomidafe zwei Söhne. Der eine hieß Egonaiga und der andere Bentagoche. Die reiften zu stattlichen Helden heran, und als ihr Vater starb, teilten sie sich die Insel zu gleichen Teilen und ließen zwei Hauptstädte bauen: Gáldar und Telde. Keiner von ihnen regierte aber fortan allein, und keine der beiden Städte war die alleinige Hauptstadt. Gleiches Recht und gleiche Gesetze gingen hinfort von Gáldar und Telde aus, wo sich die beiden Brüder im Wechsel trafen und sich über die Regierungsgeschäfte einigten. Somit hatten sie das

Doppelkönigtum errichtet, das seitdem auf der Insel regierte. Da beide ihren Herrschaftsanspruch von der Mutter herleiteten, waren es die Mütter, die entschieden, wer auf dem jeweiligen Thron von Gáldar und Telde zu sitzen hatte.

Attidamanas Prophezeiung aber sollte sich nun vollends erfüllen, denn wie die Leute auch dachten, ob sie eher Egonaiga zuneigten oder Bentagoche, ob sie mehr nach links sahen oder nach rechts – es lief letztlich auf das gleiche hinaus, hatten die Doppelkönige von Gran Canaria doch geschworen, stets in völliger Übereinstimmung und nur zum Wohle des ganzen Volkes zu handeln.

Der uralte Ahnherr jedoch, er kam aus den Bergen herabgewandert und bat Attidamana reumütig um Verzeihung.

Die Trauminsel

Die geheimnisvollste Insel der Kanaren ist ohne Zweifel San Borondón, die schon seit dem vierzehnten Jahrhundert bekannt und in vielen alten Seekarten eingezeichnet ist. Damals nannte man sie noch „die Verlorene", „die Verzauberte" oder „die Unentdeckte". Viele Menschen haben sie gesehen, obgleich die Wissenschaftler von heute behaupten, es könne sich nur um eine Luftspiegelung handeln. Ein Guanchenmädchen von Lanzarote, Tamaranca mit Namen, soll sie sogar betreten haben. Von ihr handelt das folgende Märchen:
Lanzarote, die „Insel der Feuerberge", die bei den Ureinwohnern Tite-roy-gatra hieß, ist eine karge, ausgebrannte Landschaft, größtenteils mit Asche und Lavafeldern bedeckt und von weiten Sandstränden umrahmt. Die Feuerberge ragen nicht hoch genug, um den Regen aus den Passatwolken abzufangen; ständig bläst der heiße Atem Afrikas herüber und lässt die armen Bauern um ihre spärliche Ernte zittern.
In früheren Zeiten bedrohte die Einheimischen noch eine andere, weitaus schlimmere Gefahr: Wenn aus dem östlichen Meer plötzlich weiße oder schwarze Segel auftauchten, dann hieß es, alles stehen und liegen lassen; dann nahten die Piraten und

schrecklichen Sklavenjäger, die wie Heuschreckenschwärme auf der Insel einfielen und gnadenlos Beute machten.

Tamaranca jedenfalls war ein stilles, in sich gekehrtes Mädchen, das schon viel von jener geheimnisvollen Insel gehört hatte, auf der alles anders als auf Tite-roy-gatra sein sollte: gewaltig groß war sie und fruchtbar dazu, denn riesige, wasserreiche Flüsse mit Fischschwärmen darin durchzogen die Insel und spendeten den Ufern soviel Nass, dass das Land saftig grün war und das Korn auf den Feldern zu goldenen Matten heranreifte.

Oft dachte Tamaranca an jene Insel, wo es weder Not, noch ständige Lebensgefahr gab. Aber wenn die Leute, die Fischer zum Beispiel, so häufig von ihr sprachen – warum machten sie sich dann nicht auf, die glückverheißende Insel zu suchen?

„Das geht nicht", sagten die Fischer, „das Meer davor ist zu wild, die Strömung zu stark, unsere Boote sind zu klein, nur zum Fischfang gebaut, sie würden die Überfahrt niemals überstehen."

Und andere sagten: „Unsere Ahnen, ja, die waren wohl oft auf jener Insel und besuchten die Könige dort, huldigten ihnen und brachten Geschenke. Damals gab es noch große, seetüchtige Schiffe."

„Und warum gibt es sie heute nicht mehr?" fragte Tamaranca.

„Das wissen wir nicht", gaben die Fischer zur Antwort und kratzten sich verlegen am Kopf. „Vielleicht haben unsere Vorfahren vergessen, wie man sie baut, vielleicht haben es auch die Könige der fernen Inseln verboten, vielleicht ist es ein Gesetz, dem wir gehorchen müssen."

'Vergessen, verboten, Gesetz…', dachte Tamaranca und ärgerte sich. Nein, so durfte es nicht sein. Die Fischer, sie wussten nicht, wovon sie sprachen. Und so weit entfernt konnte diese Insel wohl doch nicht sein, wenn sie schon mehr als einer bei besonders klarem Wetter vom Strand aus gesehen hatte. Im Westen lag sie, im westlichen Meer. Und eines Tages machte sich Tamaranca auf, die geheimnisvolle Insel zu suchen.

An den Feuerbergen zog sie vorbei und kam an einen smaragdgrünen See. Dieser See, so hieß es, sei früher ein feuerspeiender Kessel gewesen und habe gedampft wie die übrigen Berge. Dann aber habe Moneiba, die große Mutter, sich ihrer Inselkinder erbarmt und das salzige Wasser des Meeres in den Kessel geleitet, die Glut erstickt und den Krater in einen stillen, ruhigen See verwandelt.

Das Ostufer des Sees war steil und schwer zu erklimmen. Gegenüber aber hatte die Meeresbrandung einen Strandwall errichtet, und hinter ihm rauschte Moneibas gleichmäßiger Atem, trieb der Wind schaumflockige Wellen heran, die in regelmäßigem Abstand die Insel berannten, sie leckten und ständig deren Form zu ändern suchten – hier nahmen sie etwas weg, dort gaben sie etwas hinzu. Es sah so aus, als sei Moneiba noch nicht zufrieden mit der Gestalt der Insel.

Hierhin setzte sich Tamaranca, blickte aufs Meer hinaus und begann bald, mit offenen Augen zu träumen. Aus dem hellen Dunststreifen über dem Meer, dort, wo der Himmel das Wasser berührt, sah sie eine feste Linie sich herausschälen. Dunkler und massiver wurde der Strich, wölbte sich zur Kante, und schließlich ragte deutlich eine Küste heraus.

'Wie schön sie aussieht', dachte Tamaranca, 'und wie schön müsste es sein, dorthin zu gelangen. Fliegen müsste man oder so weit schwimmen können oder am besten ein seetüchtiges

Boot haben.' Tamaranca seufzte, denn sie wünschte sich sehr, der lieblichen Insel nahe zu sein, von ganzem Herzen wünschte sie das.

Da kräuselte sich plötzlich das Meer zu ihren Füßen, und aus den Fluten tauchte der Kopf eines großen Fisches. Tamaranca spürte keine Furcht, obwohl der Fisch riesig war, denn sie wusste sofort, dass er nicht wirklich, sondern nur ein Gedankenfisch war. Der Gedankenfisch kam näher und legte an wie ein Boot. Da watete Tamaranca durch die Brandung auf ihn zu, erklomm seinen Rücken und machte es sich bequem. Kaum saß sie dort, als der Fisch drehte, einen dünnen Wasserstrahl ausblies und sich mit der Schwanzflosse vom Ufer abstieß. Pfeilschnell pflügte er durch das Meer, und größer und größer wurde die Insel, auf die er zuhielt. Tamaranca staunte, als sie sah, zu welchen riesenhaften Ausmaßen sie anwuchs. Größer als Tite-roy-gatra war sie, größer als alles, was Tamaranca bisher kannte, und noch immer waren sie weitab von der Küste der gewaltigen Insel.

Aber der Fisch hielt unbeirrbar darauf zu, erreichte die Küste und schwamm in eine einladende Bucht hinein. Am Ende der Bucht bogen sie in die Mündung eines großen Flusses. Und dort stellte sich heraus, dass der Fisch ein echter Gedankenfisch war: Tamaranca brauchte nichts zu sagen, denn der Fisch verstand auch so. Sie dachte einfach: 'Bring mich zu dem König der Insel.' Und der Fisch schwamm stromaufwärts, geradewegs dem Mittelpunkt der Insel entgegen. Unterwegs sah sie zu beiden Seiten des Flusses fruchtbare Felder, Blumen und Wiesen, blühende Bäume und allerlei Getier, Vögel und große weidende Wesen, die sie nicht kannte. Menschen sah sie auch, die hielten bei ihrer Arbeit inne, richteten sich auf und winkten ihr freund-

lich zu. Sie sahen den Leuten von Tite-roy-gatra gar nicht mal unähnlich, nur dass ihre Kleidung bunt und weniger ärmlich war.

'Es muss den Menschen hier gut gehen', dachte Tamaranca, 'sie haben genug zu essen, das Wetter ist nicht so heiß wie bei uns, es weht sogar ein mildes Lüftchen, und Wasser gibt es im Überfluss, soviel, dass das Land grün ist statt gelb und braun wie zuhause.'

Zuhause... Tamaranca sann über die Bedeutung dieses Wortes nach. Konnte man eigentlich irgendwo zuhause sein, wenn ständig eine Sehnsucht im Herzen bohrte? Dies hingegen, diese Insel mit dem herrlichen Klima und prachtvollen Bewuchs, kam ihr über die Maßen vertraut und anheimelnd vor.

Erst jetzt nahm Tamaranca wahr, dass der Fluss, erstaunlich gerade verlief, mehr wie ein Graben oder ein breiter Kanal, und es gab andere, die stießen von rechts und links hinzu, ähnlich angelegt wie dieser. Wasserfahrzeuge fuhren auf ihnen, kleine, schlanke Segelboote und solche mit Rudern, deren Bug sich wie die Hälse und Köpfe von Riesenschlangen streckten. Und dann sah Tamaranca etwas, das sie noch mehr erstaunte als alles bisher: eine Art Berg sah sie mit einer stolzen Festung darauf; der war von ringförmigen Wasserkanälen umgeben und jeder Ring durch hohe Mauern geschützt. Die Türme und Tore darin waren aus schwarzen, roten und weißen Steinen gebaut, die äußere Ringmauer aber glühte im Glanz der Sonne wie pures Gold. Der Gedankenfisch schwamm unter der ersten Brücke hindurch, und sie begegneten noch mehr Schiffen als bisher. Häuser sah Tamaranca auf den Wällen und geschäftige Menschen davor; Straßen gab es, auf denen Menschen unterwegs waren; Fuhrwerke rasten dahin, die von seltsamen, stolzen Tieren gezogen wurden, deren Hufe klapperten und deren Mähnen im Wind flatterten.

Mittlerweile hatten sie drei Wasserkanäle durchquert und ebensoviele Brücken und näherten sich der Festung; die Wände waren von Silber, die Zinnen aber aus Gold. Viele Bäume sah Tamaranca und Buschwerk, an dem goldene Äpfel hingen. An einer Kaimauer hielt der Fisch an, und Tamaranca sprang an Land.

Sie durchschritt ein mächtiges Tor und befand sich auf einem Platz, der alles an Schönheit überbot, was sie bisher kennengelernt hatte. So lieblich waren die Häuser und Treppen, die Bäume und Büsche, und zwischen ihnen sprudelten Quellen in Fontänen empor! In der Mitte des Platzes stand das Abbild eines fremden Gottes. Der war nackt, hatte langes, wallendes Haar und hielt einen Dreizack in der Hand, als wolle er fischen gehen. Um ihn herum gab es hundert andere Standbilder; die stellten allesamt Meermädchen dar, von denen manche auf Delphinen ritten, so wie Tamaranca zuvor auf ihrem Gedankenfisch gesessen hatte. Sie staunte und staunte noch mehr über die vielen edel gekleideten Leute, die über den Platz schritten. Ihre kostbaren Gewänder leuchteten in allen Farben. Einige trugen glänzende Helme mit Federn daran oder weiße Stirnbänder mit seltsamen Schriftzeichen darauf.

„Wo bin ich?" fragte das Mädchen eine schöne Frau, die ihr soeben entgegenkam. Dabei brauchte sie nicht den Mund zu öffnen, und die schöne antwortete ebenfalls ohne die Lippen zu bewegen, da auch sie die Sprache der Gedanken beherrschte:

„Auf Atlantis, auf der Trauminsel, die ihr mit so vielen Namen

benennt. Heute ist der Tag, an dem unser König Kronos die Flamme des Eidfeuers neu entzündet, um den Frieden zwischen den Völkern zu besiegeln. Denn wisse, Kronos herrscht über viele Völker und Inseln, und zehn Könige neigen ihr Haupt, wenn er zu ihnen spricht."
„Kann ich ihn sehen?" fragte Tamaranca. „Zu gern würde ich den Herrscher über ein so schönes und seltsames Reich wie das eure mit eigenen Augen sehen."
„Das geht nicht", entgegnete die Frau, „denn du kommst aus einer anderen Zeit, und das würde die feierliche Zeremonie stören, mit der Kronos die Flamme entzündet."
„Aber ich würde ihn zu gerne sehen", sagte Tamaranca. „Geht es nicht vielleicht doch, wenn ich ganz still stehe und mich nicht rühre?"
„Lass mich nachdenken", meinte daraufhin die Frau und nickte dann mit dem Kopf. „Ja, so mag es gehen. Du siehst doch aus wie ein Meermädchen und bist ja wohl auch wie ein solches gekommen. Setz dich dort auf den Stein und bewege dich nicht, so wird man dich vielleicht für eine Statue halten."
Tamaranca tat, wie ihr die schöne Dame geraten hatte. Sie setzte sich auf den ihr zugewiesenen Stein und verhielt sich so still, dass sie jemandem, der nur flüchtig hinsah, nicht auffallen konnte. Als der Abend nahte, wurden überall Lichter entzündet und Opferfeuer geschichtet. Viele Tausend festlich gekleidete Menschen strömten über die Brücke zum Platz, um ihn ganz und gar mit ihrer lebhaften Freude zu füllen. Zehn Könige zogen ein mit prunkvollem Gefolge und zuletzt einer, der König Kronos sein konnte, denn er ähnelte stark dem Standbild des Gottes mit dem lockigen Haar. Blau war sein Mantel,

mit silbernen Fischen bestickt; in der Hand trug er einen Stab mit einem Dreizack aus purem Gold; seine Augen aber leuchteten wie gleißende Sterne am nächtlichen Himmel. So ging er langsam über den Platz und verschenkte sein Lachen nach allen Seiten. Als er die Mitte des Platzes erreicht hatte, entzündete er eine Flamme und ließ die zehn Könige nacheinander die Eidformel sprechen; Tamaranca wurde Zeuge, wie sie einander die Hände reichten und sich küssten.

Danach brach Jubel im Volk aus, Lieder wurden angestimmt, und der Geruch von saftigem Spießbraten erfüllte die Luft. Die Männer und Frauen ringsum begannen zu tanzen. Da hielt es Tamaranca auf ihrem Stein nicht mehr aus, sie mischte sich unter die Menschen und tanzte mit ihnen die halbe Nacht hindurch. Alle waren sie ausgelassen und fröhlich und reichten sich gegenseitig Geschenke. Auch Tamaranca, die nichts besaß, was sie geben konnte, wurde bedacht. Eine Dame, noch schöner als die vorige, kam auf sie zu und gab ihr einen goldenen Apfel.

Überglücklich barg Tamaranca das Geschenk in ihren Händen und spürte, wie von dem goldenen Apfel eine wohlige Wärme ausging. Die machte sie schläfrig, wo sie doch ohnehin schon müde war vom vielen Tanzen. Sie suchte den Stein, auf dem sie gesessen hatte, und schlief ein, schlief so tief, dass sie nicht mehr wahrnahm, was weiterhin auf dem Platz und auf der Insel geschah.

Als sie erwachte, wusste sie zunächst nicht, wo sie sich befand. Doch dann merkte sie, dass es dieselbe Stelle war, an der sie schon einmal vor langen, langen Zeiten gesessen hatte – am Ufer des smaragdgrünen Sees nahe den Feuerbergen in ihrer Heimat Tite-roy-gatra, und zu ihren Füßen rauschte mit ewigem Wellenschlag die Brandung des Meeres. Hatte sie nur geträumt? So musste es sein. Aber eines war sonderbar: in ihren Händen lag noch immer der goldene Apfel. Da stand sie auf, wanderte die Küste entlang und suchte nach einem geeigneten Platz. Als sie ihn gefunden hatte, grub sie ein Loch in den Boden und schirmte es mit einem Ring aus angehäuften Steinen ab, damit sich die Feuchtigkeit besser sammeln konnte. Dahinein pflanzte sie den goldenen Apfel, damit ein stattlicher Baum daraus würde.

Viele Jahre vergingen, und der Baum wuchs und wuchs und trug bald ebenso goldene Früchte, die süß schmeckten und auf unvergleichliche Weise erfrischten. Da sie den Baum versorgen musste, hatte Tamaranca nun auch eine Heimat. Aber die Sehnsucht, die Erinnerung an jene Insel ihres Traumes, war noch nicht erloschen. Oft dachte sie daran und rief in der Gedankensprache Fische herbei; aber keiner von ihnen war groß genug, um sie zur Trauminsel zu tragen.

'Vielleicht kommt eines Tages ein Mann', dachte Tamaranca, 'einer, der mir gefällt, weil er ähnlich gelocktes Haar wie König Kronos hat, und wenn er so nicht sein kann, so soll er wenigstens ein Schiff bauen können, das groß und sicher genug ist, uns hinaus auf das Meer zur Trauminsel zu tragen.'

Die grausame Beatriz von Bobadilla

Doña Beatriz de Bobadilla war eine außergewöhnlich schöne Frau. Feuerrot floss ihr Haar, seegrün glitzerten ihre Augen, und ihr Gesicht war von jenem katzenhaften Schnitt, der auf Männer so unwiderstehlich wirkt. Selten zeigte sie sich in der Öffentlichkeit, was dem Gerede und den Gerüchten nur zusätzliche Nahrung bot.

Es heißt, sie sei in Madrid die Mätresse des spanischen Königs gewesen – sehr zum Leidwesen von Königin Isabella, die verzweifelt nach einer günstigen Gelegenheit gesucht habe, die lästige Nebenbuhlerin loszuwerden. Als sich schließlich eine solche Gelegenheit bot, sollen sich die Ereignisse überschlagen und König Ferdinand sich dem Druck seiner Familie und des Hofstaates gebeugt haben.

Was war geschehen, dass die schöne Beatriz de Bobadilla so überstürzt abreisen musste?

Nun, es gab zunächst einmal einen gehörigen Skandal: Hernán Peraza der Jüngere, der arrogante und skrupellose Fronherr der Inseln Gomera und Hierro, hatte einen seiner ärgsten Konkurrenten ermordet. Das Opfer der Bluttat war kein geringerer als Juan Rejón, der Eroberer von Gran Canaria.

Juan Rejón hatte nach seinem glorreichen Sieg über die dortigen Guanchen Zwischenstation auf Gomera eingelegt, um sich auf seine nächsten Schritte vorzubereiten. Diese sollten die planmäßige Invasion von La Palma und Teneriffa sein. Der auf den Erfolg neidische Peraza hatte den ahnungslosen Rejón in seine Villa gelockt und dort heimtückisch erdolchen lassen. Nun saß man in Madrid über Hernán Peraza zu Gericht.

Aber Peraza verteidigte sich vor dem Tribunal wortreich und äußerst geschickt. Es gelang ihm, sich herauszureden und seinen Freispruch zu erwirken. Gänzlich ungeschoren allerdings ließ man ihn nicht ziehen. Die Auflage, die er zu erfüllen hatte, bestand darin, besagte Beatriz de Bobadilla zu heiraten und sie mit nach dem fernen Gomera zu nehmen.

So kam „die Hexe", wie sie von den Einheimischen genannt wurde, auf die Insel, und mit ihr kam eine Zeit des Schreckens. Unvorstellbar grausam herrschten die schöne Beatriz de Bobadilla und ihr habgieriger Gemahl, rücksichtslos schändeten sie das Volk und bereicherten sich, wo sie nur konnten. Kein Mann und keine Frau im arbeitsfähigen Alter, kein Mädchen und kein Junge war vor ihnen sicher, solange sie sich als Sklaven verkaufen ließen.

Der König hatte zwar den Menschenhandel verboten, aber Madrid war fern, und wen interessierte es schon, ob die königlichen Gesetze auf der abgelegenen Insel eingehalten wurden oder nicht!

Perazas Soldaten jedenfalls hatten Anweisung, sich als Häscher zu betätigen. Ständig mussten sie die Augen offenhalten und nach schönen, breitschultrigen Knaben und gut gewachsenen Mädchen Ausschau halten. Sie wussten, worauf es ankam, um auf dem Markt gute Preise für ihre menschliche Ware zu erzielen. Kopfgeld erhielten sie sogar ausgezahlt und einen Zuschlag, wenn sie besonders fleißig waren. Das spornte an.
Ein Priester, dessen Name in Vergessenheit geriet, warnte vor derlei Geschäften. Doch die schöne Beatriz lachte nur über seine Worte.
„Von Menschen sprichst du", sagte sie, „und ich würde dir recht geben, wenn es sich so verhielte. Unvorstellbar wäre mir der Gedanke, einen Menschen als Handelsware zu betrachten, denn vor Gott sind wir alle gleich. Auf die Eingeborenen trifft deine Warnung allerdings ganz und gar nicht zu. Glaub mir, bei ihnen handelt es sich um Tiere. Wild und ungezähmt ist ihr Wesen, barbarisch sind ihre Sitten, nicht einmal das einfachste der Welt, unsere Sprache, beherrschen sie. Wenn sie sich unterhalten, so klingt es, als würden Bestien grunzen und sich um Knochen oder Wasser streiten. Nein, Menschen sind das nicht, sondern Tiere niedriger Art, und nirgends, an keiner Stelle steht in der Bibel, dass es verboten ist, Nutztiere, die höchstens für einfachste Arbeit taugen, für sich einzusetzen und damit zu handeln. Du kannst völlig unbesorgt sein, mein Mann und ich achten sehr auf die Gesetze. Es ist durchaus rechtens, was wir tun."
„Deine Worte in Gottes Ohr", antwortete der Priester, verneigte sich vor ihr und verließ nachdenklich und von tiefen Zweifeln geplagt den Palast. Er war nicht mutig genug, der stolzen Her-

rin zu widersprechen, und was er an diesem Tag versäumt hatte, das holte er auch an den folgenden nicht nach.

Doña Beatriz de Bobadilla und Hernán Peraza trieben es indessen immer toller. Schwerbewaffnete Gruppen ließen sie in die Berge ausschwärmen, wo die Dörfer der armen Guanchen lagen. Sie überfielen die Leute im Schlaf, brachen jeglichen Widerstand mit gnadenloser Gewalt und jagten die Menschen wie Vieh vor sich her.

Ein Guanche hatte kein Recht, auf die Knie musste er, und was noch schlimmer war, er musste für die Herrschaften bis zum Umfallen im Steinbruch arbeiten. Beinahe glücklich konnten sich jene schätzen, die von der Arbeit verschont blieben, gut behandelt und regelrecht gemästet wurden, denn sie ahnten ihr Schicksal nicht. Auf sie wartete nämlich das Schiff, der Seelenverkäufer, der sie in fremde Länder schaffen würde, wo sie nackt und in Ketten auf die Märkte geführt und feilgeboten werden sollten. ...

War es da noch ein Wunder, dass der Hass der Einwohner Gomeras von Tag zu Tag wuchs? Die Guanchen ballten die Fäuste und kniffen in stummer Wut die Lippen zusammen. Gegen die gepanzerten Wehren der Spanier, ihre überlegenen Waffen und gut gesicherten Trutzburgen waren sie machtlos.

Das fürchterliche Paar schien unbesiegbar, sein schrecklicher, menschenverachtender Hochmut nicht zu brechen. Doch da bahnte sich eine überraschende Wende an.

Hernán und Beatriz, der Meuchelmörder und die rothaarige Hexe, so mächtig sie wirkten – auch sie waren schließlich nur Figuren im großen, undurchschaubaren Spiel. Ein Urteilsspruch hatte ihre Schicksale zusammengeführt und miteinander verknüpft, nicht aber die Liebe. In ihrer Machtgier und Skrupellosigkeit ähnelten sie sich. Beide waren versessen darauf, Reichtümer anzusammeln und wenig wählerisch in ihren Methoden. So lebten sie in einem Haus und hatten gemeinsame Kinder. Aber sie liebten sich nicht.

Hinter vorgehaltener Hand tuschelte man, dass Doña Beatriz sich gelegentlich des Abends Jünglinge kommen ließ, stramme, junge Männer, die für einen der nächsten Sklaventransporte vorgesehen waren und denen die rote Hexe die letzten Tage ihres Inseldaseins versüßte.

Hernán Peraza seinerseits neigte sehr den einheimischen Mädchen zu. Viele hatte er schon besessen, ohne jemals um sie werben zu müssen. Nicht einmal kaufen brauchte er sie. Sah er eine bei seinen häufigen Ausritten über Land und gefiel sie ihm, so ließ er sie einfach von seinen Leuten einfangen und später, wenn er ihrer überdrüssig war, wieder laufen.

Auch mit Yballa, einem schlanken, dunkelhäutigen Guanchenmädchen von edler Herkunft, hatte er es so gemacht. Allerdings gefiel ihm die Kleine so gut, dass er zwei Tage darauf befahl, sie erneut zu ihm zu bringen. So zogen die Soldaten den Barranco hinauf, an dessen Rand zu Füßen des Roque Sombrero, des Sonnenhutberges, das Dorf Ayamosma lag. In die Hütte der Eltern drangen sie ein, zerrten die sich sträubende Yballa heraus und schleppten sie zum Wohnsitz des Tyrannen. Eine volle Woche behielt Hernán Peraza sie da, und als er sie wieder gehen ließ, rang er ihr das Versprechen ab, so oft über sie verfügen zu können, wie er nur wollte.

Seufzend und schweren Herzens willigte Yballa ein, zumal er angedroht hatte, im Falle ihrer Weigerung sich an ihren Eltern und Geschwistern schadlos zu halten. Sie fühlte sich zutiefst entehrt und traute sich nicht mehr ins heimische Dorf zurück. Also blieb sie, wie sie es dem maßlosen Herrn versprochen hatte, in einer Höhle des Barranco. Dort saß sie, weinte über ihr Schicksal und ging nur selten hinaus, um essbare Beeren und Früchte zu sammeln. Die meiste Zeit aber wartete sie ergeben auf das Nahen ihres Gebieters. Zehn Tage ließ sich Hernán Peraza Zeit, war durch andere Dinge abgelenkt und wollte wohl auch die Zuverlässigkeit des Mädchens prüfen. Jedenfalls fiel ihm die schöne, braune Yballa erst wieder ein, als er zufällig in der Nähe des Barranco zu tun hatte. Er stieg vom Pferd, ließ die Soldaten warten und betrat die Höhle. Da saß das Guanchenmädchen, in seiner Traurigkeit noch schöner als sonst, und blickte ihm mit angstvollen Augen entgegen. Als Peraza sah, dass alles nach seiner Vorstellung verlief, legte er besitzergreifend die Arme um sie.

In der Folge besuchte er Yballa viele Male in ihrer Höhle, manchmal von Soldaten begleitet, oft auch allein. Das war bequemer so als im Palast, wo es doch hin und wieder Streitigkeiten mit der Gemahlin gab, die sein ausschweifendes Leben nicht immer hinnehmen wollte.

Nun blieb die Affäre dennoch nicht gänzlich unbemerkt. Ein junger Guanche von edler Abkunft, Pedro de Huatacuperche mit Namen, hatte Wind von der Sache bekommen. Ihn ärgerte und erregte das Verhalten des Spaniers über alle Maßen. Zum einen war er der Sohn eines freien Stammes und sprach dem fremden Besatzer das Recht ab, über Gomera zu herrschen. Zum anderen kannte er Yballa, hatte in der letzten Zeit stets nur mit Herzklopfen an sie denken können und sich vorgenommen, bei nächster Gelegenheit um sie zu werben. Und nun war diese Scheußlichkeit geschehen, die alles verdarb. ...

Man erzählte es ihm im Dorf, als er die Eltern des Mädchens besuchte. Bleich vor Zorn lief er hinaus zum Barranco, wo er die Höhle wähnte. Es kam nur eine infrage, die, in der sie schon als Kinder gespielt und sich manchmal versteckt hatten. Und ausgerechnet nach dorthin musste der widerliche Fronherr sein Liebeslager verlegen! Pedro de Huatacuperche kochte vor Wut. Er brachte es nicht über sich, in die Höhle zu gehen und Yballa vor die Augen zu treten. So blieb er in der Nähe und verbarg sich hinter einem Felsen.

Mehrere Tage verbrachte er da, einsam und in stummer Trauer. Sein Ausharren wurde belohnt. Zu einer Nachmittagsstunde nämlich nahte Hufschlag heran. Don Hernán Peraza war es, der sein Pferd im Barranco an ein Stück Buschwerk band und zu Fuß weiter zur Höhle strebte. Sein Rock blinkte hell in der Sonne, und bei jedem Schritt klirrte der Degen an seinem Gürtel. Pedro de Huatacuperche drückte sich tiefer in den Schatten der Felsen, und Hernán Peraza, der vorbeischritt, bemerkte ihn nicht. Als der Spanier in der Höhle verschwand, huschte der Guanche ihm nach und legte am Eingang die heiße Stirn auf den Stein. Da hörte er deutlich ihre Stimmen, die des Fremden und die von Yballa.

Zu den Tobanas, den schneidenden Steinen, griff er dann und zur Moca, der hölzernen Lanze, an deren Spitze eine scharfe Klinge aus Obsidian steckte. Zu Abora sandte er seine Gedanken und zum Hirguan, dem Jenseitsboten, der den Menschen zuweilen in der Gestalt eines Hundes erscheint. Ganz still und innerlich leer wurde er schließlich, denn er sammelte seine Wut, um sie im richtigen Moment in Kraft umwandeln zu können. Und der Augenblick kam.

Verschwitzt noch und äußerst zufrieden verließ Hernán Peraza die Höhle. In der Sekunde, als er in die blendende Sonne trat, rammte ihm Pedro de Huatacuperche die Moca tief in die Brust. Durch die gepanzerte Brustwehr drang die Lanze und trat im Rücken wieder hervor. Mit erstauntem Gesicht, über dessen Lippen nicht einmal mehr ein Fluch entweichen konnte, brach der Tyrann tödlich getroffen zusammen.

Pedro de Huatacuperche, der junge Guanche, aber riss die blutige Lanze aus der Wunde des Feindes und rannte den Barranco hinauf ins Dorf.

„Der fremde Dämon ist tot!" rief er und schwenkte die Moca als Siegeszeichen über dem Kopf. „Ich habe ihn mit eigenen Händen getötet und Yballas Ehre gerächt!"

Dieser Ruf und die Nachricht vom Tod des verhassten Tyrannen verbreiteten sich in Windeseile über die ganze Insel. Männer aus allen Stämmen griffen zu den Waffen und erschlugen so viele Spanier, wie sie nur konnten.

Als Doña Beatriz davon hörte, durchfuhr sie ein furchtbarer Schreck. Hastig raffte sie ihre Schätze zusammen, nahm ihre Kinder und floh mit den überlebenden Getreuen zur Festung nach San Sebastian, dem wehrhaften Torre del Conde.

Hier saß die rote Hexe nun hinter trutzigen Mauern und bangte um ihr Leben. Sie wusste genau: würde der Turm fallen, so wäre ihr Leben augenblicklich dahin, dann würde die Rache des geknechteten Volkes sie unnachgiebig treffen. Konnte man von getretenen Hunden erwarten, dass sie sich weiterhin niederkauerten, wenn der Herr gefallen und sie Blut geleckt hatten?

Nein, von Seiten der Einheimischen war ihr gegenüber keine Nachsicht zu erwarten, zuviel Schlimmes hatte sie ihnen angetan.

Mehrmals versuchten die Guanchen, die Festung und den Steinturm zu stürmen, aber das Bollwerk hielt stand. So schlossen sie einen Ring um den Torre del Conde, entzündeten nächtliche Feuer und versuchten, die verhassten Fremdlinge auszuhungern. Sie konnten indes nicht wissen, dass die Turmanlage für einen solchen Notfall ausgerüstet und vorbereitet war. Bis zur Decke stapelten sich in den Vorratskammern die Lebensmittel und boten so die Möglichkeit, selbst einer längeren Belagerung standzuhalten. Sie konnten ferner nicht wissen, dass ein Kurier mit einem Brief der Doña Beatriz de Bobadilla sich rechtzeitig zum Hafen durchgeschlagen hatte. Dort lag ein Schiff bereit und lief noch in gleicher Nacht aus, um Hilfe von Gran Canaria zu holen.

Hier regierte inzwischen ein anderer spanischer Gouverneur mit eiserner Hand, der berüchtigte und gefürchtete Pedro de Vera. Wenn er mit einem kanonenbestückten Schiff und genügend Bewaffneten einträfe, würde er wieder Ordnung schaffen.

So dachte Doña Beatriz und harrte im Turm aus, und sie dachte auch an die lockende, verführerische Sprache ihres Schreibens, das seine Wirkung auf Pedro de Vera sicher nicht verfehlen würde. Abend für Abend nun stand sie auf der Zinne des Turms und blickte auf die Wilden hinab: Oh, diese Hunde! Teuer werden sie für ihren Frevel bezahlen, hat man sie nur erst wieder im Griff!

In ihrem Wahn bildete sie sich sogar ein, viel zu gut und nachgiebig zu den Einheimischen gewesen zu sein. Sie nahm sich vor, die Daumenschrauben noch einmal beträchtlich anzuziehen, würde sie erst wieder regieren.

Eines Morgens dann war es so weit: eine donnernde Kanonensalve kündete an, dass Pedro de Vera eingetroffen war. Mit einem Heer schwerbewaffneter Leute landete er und jagte die Aufständischen im ersten Ansturm zurück. Er gab sich nicht damit zufrieden, San Sebastian und den Torre del Conde zurückzuerobern, nein, einmal den Fuß auf Gomera gesetzt, machte er sich ehrgeizig daran, die gesamte Insel zu erobern, die bisher nur teilweise der spanischen Krone unterstand.

Nun streckten auch die Könige der freien Stämme, Aberbequeye und Masgue, die Waffen. Pedro de Vera aber veranstaltete, angestachelt von Doña Beatriz de Bobadilla, ein Strafgericht über die Einheimischen, um den Tod Hernán Perazas zu rächen. Dabei war es ihm gleichgültig, ob er Schuldige oder Unschuldige fand, Leute, die sich dem Aufstand angeschlossen oder solche, die sich abwartend verhalten hatten. Einige wurden auf der Stelle getötet, mehr als 400 gefangen genommen und als Sklaven auf Schiffe gebracht. Doña Beatriz war zufrieden.

Ihre verführerischen Reize zeigten auch bei Pedro de Vera Wirkung. Er erlag ihnen völlig, und während er sich nach außen als der mächtige und keinen Widerspruch duldende Statthalter zeigte, lag er zuhause, im Wohnsitz von Bobadilla, der roten Hexe zu Füßen und bettelte um ihre Gunst.

Für die Einwohner Gomeras änderte sich nichts. War schon Hernán Peraza ein grausamer Sklavenjäger gewesen, so wurde er von Pedro de Vera noch um einiges übertroffen. Die schöne Beatriz und er teilten sich den so erworbenen Reichtum.

Jener Priester, der Beatriz seinerzeit vor derlei Geschäften gewarnt hatte, war seitdem nicht mehr an die Herrin herangetreten, sondern hatte sich still und mit großem Eifer seiner Aufgabe gewidmet, die Eingeborenen zum Christentum zu bekehren. Da er nicht nur große Worte machte, sondern auch tat, was er sagte, empfanden die Leute von Gomera Respekt vor ihm. Aus seinem Glauben heraus, dass vor Gott alle Menschen gleich seien, war er ein überzeugter Gegner des Sklavenhandels, und es bereitete ihm viel Kopfzerbrechen und manche schlaflose Nacht, dass auch der neue Herrscher gegen die Gesetze der Kirche und des Königs verstieß.

Schließlich wandte er sich in seiner Verzweiflung mit einem Schreiben an den Erzbischof. Und siehe, sein Anliegen hatte Erfolg: Ein Prozess kam in Gang, gegen Pedro de Vera wurde Anklage erhoben, Anwälte und Priester führten die Untersuchung und befanden den Statthalter für schuldig. Der stolze Eroberer wurde in Ketten aufs Schiff gebracht und musste für seine Missetaten im Gefängnis büßen.

Doña Beatriz de Bobadilla, die mindestens ebensoviel Schuld traf, kam indes ungestraft davon. Wahrscheinlich hatte der König, der immer noch wohlwollend und gewiss auch ein wenig sentimental an sie dachte, ein gutes Wort für sie eingelegt. Lediglich eine Entschädigung musste sie an die Familien der Verschleppten zahlen, eine halbe Million Heller, was zwar ziemlich viel Geld war, die rote Hexe mit ihren vollen Schatzkammern jedoch nicht übermäßig traf. Schwerer nahm sie es schon, dass die Anwälte und Priester in ihrem Eifer nicht nachließen und große Anstrengungen unternahmen, die bereits verkauften Sklaven freizubekommen und wieder nach Gomera zu bringen. Zumindest die zuletzt gefangenen 400 Leute hatten

Glück und kehrten eines schönen Tages als freie Menschen auf die Insel zurück.

Wer nun glaubt, dass all diese Vorfälle dem Ansehen der Beatriz de Bobadilla geschadet hätten, täuscht sich sehr. Ihr Name war im Gegenteil plötzlich in aller Munde, und in Spanien erzählte man sich Wunderdinge über sie und ihre unwiderstehliche, alles verzaubernde Schönheit. Es gab nicht wenige Adelsleute, die sie kennenlernen und ihretwegen nach den Kanarischen Inseln aufbrechen wollten. Die verführerische Beatriz aber war wählerisch.

Nur einmal heiratete sie noch und zwar diesmal einen ganz besonders berühmten Mann, den größten Konquistadoren, Don Alonso Fernández de Lugo, der in Teneriffa die großen Schlachten gegen die Guanchen gewonnen hatte. Mit siebenhundert Soldaten, die allesamt Feuerwaffen besaßen, hatte er bei La Laguna über mehr als fünftausend Eingeborene einen blutigen Sieg errungen und sie in die nördlichen Gebiete zurückgedrängt. Auch die letzte, entscheidende Schlacht bei Acentejo war zu seinen Gunsten ausgegangen und hatte mit dem Selbstmord des letzten Guanchenkönigs, dem Mencey Bentor, geendet.

Noch heute denken die Menschen von Gomera höchst ungern an die rote Hexe zurück, und niemand kann sich eines Schauderns erwehren, wenn ihr Name fällt; ein Name, der sich mit einem Stück blutigster Geschichte verbindet: Doña Beatriz de Bobadilla.

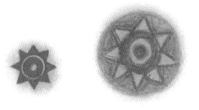

Die Hexenschlucht

Es gibt auf Gomera viele Plätze und Pfade, die gefährlich und unheimlich sind, doch keine Gegend ist so verrucht wie die Schlucht bei La Dama. Wo sich der schmale Weg am steilen Rand des Barranco de Iguala in Richtung Meer entlangwindet, muss man an einer Plantage vorbei, die im Volksmund Hoya del Diablo – Teufelsloch heißt. Man sagt, der Leibhaftige habe hier dem allererersten Besitzer geholfen, einen tiefen Schacht in den Felsen zu bohren, und der Mann habe für den Wasser und Reichtum spendenden Brunnen mit seinem Herzblut bezahlt. Von hier an wird der Weg durch die Schlucht nach La Dama immer wilder und unübersichtlicher. Erreicht man den Ort nicht rechtzeitig vor Einbruch der Dunkelheit, so wird das Gehen zum lebensgefährlichen Stolpern, das schon manchem zum Verhängnis geworden ist. An bestimmten Abenden tauchen Lichter auf, die es eigentlich nicht geben dürfte – die locken mächtig an und führen, wenn man sie für die ersten Häuser von La Dama hält und ihnen solchermaßen vertraut, gnadenlos in die Irre. Auch ertönen eigenartige Stimmen und zuweilen Gesang, der nicht aus menschlichen Kehlen stammt; man mag sich noch so sehr einreden, dies sei bloß das Stöhnen und Heulen des Windes – einen fröstelt dennoch, wenn man es hört.

In gewissen Nächten aber, über die man auf Gomera nur hinter der vorgehaltenen Hand sprechen darf, sollte man den Weg nach La Dama auf jeden Fall meiden, denn dann sind die Hexen unterwegs und fangen sich Beute.

Ein Mann aus dem kleinen Weiler Gerian, der zu Besuch in La Dama war, setzte sich eines Tages über dieses Wissen hinweg. Alle Bedenken seiner besorgten Freunde in den Wind schlagend, machte er sich nach dem Genuss einiger Gläschen Rotwein auf den Rückweg in sein Dorf.

„Ich kenne den Weg wie mein Hemd, jede Falte, jede Biegung, jeden Tritt und Stein", hatte er großsprecherisch getönt. „So schnell wie ich ist noch niemand dort entlanggelaufen."

„Aber du brauchst bestimmt zwei Stunden", hatten die Freunde gewarnt, „vielleicht auch länger mit dem Essen im Bauch und dem Wein im Kopf. Besser, du schläfst hier bei uns aus und gehst erst morgen zurück."

„Blödsinn", hatte der Mann gerufen, „ich fühle mich leicht wie eine Feder, und der Wind bläst vom Meer her – da brauche ich bloß die Arme auszubreiten und fliege von selbst nach Hause."

Ganz so war es aber nicht, obgleich die kühle Brise den Mann etwas erfrischte. Es wurde sogar kalt, denn die Sonne begann zu sinken und ließ die späten Nachmittagsschatten immer größer

werden, so dass ringsumher die Farben verblassten. Der Mann lief schnell und trotz des Weines erstaunlich sicher, stellte aber nach einer Stunde fest, dass irgendetwas nicht stimmte.
Er blieb stehen und hob prüfend den Blick. Warum kam die Wand, an der der Pfad seitlich in steilen Serpentinen hinaufführte, nicht näher? Der Mann hätte längst dort sein müssen und kletterte stattdessen noch immer in der tiefsten Sohle der Schlucht herum. Er kratzte sich verwundert am Kopf und glaubte plötzlich, so etwas wie Gesang zu hören, der unmöglich von La Dama und den zurückgelassenen Freunden stammen konnte, denn dazu waren sie inzwischen zu weit entfernt. Spielten ihm seine Sinne einen Streich?
Mit einem Male sah er einen der Schatten sich bewegen und seitlich weghuschen. Das war unmöglich, und dennoch geschah es so: der Schatten vorn bei den drei Kiefern war seitwärts gesprungen. Verwirrt schüttelte der Mann den Kopf, denn er merkte jetzt, dass er diese drei Kiefern niemals zuvor an dieser Stelle gesehen hatte.
Wieder ertönten die Stimmen, und im Schatten bewegte sich etwas; dann gab es ein Geräusch, als klettere eine verirrte Ziege am Hang und lösten sich Steine unter ihren Hufen.
„Ist da jemand?" rief der Mann, der sich nun plötzlich nüchtern fühlte und zugleich etwas besorgt. Dort nämlich, wo Gerian liegen musste, wies nichts auf die Häuser des Dorfes hin. Auf der anderen Seite der Schlucht aber, in der entgegengesetzten Richtung also, blinkte ein Licht.
In diesem Moment löste sich aus dem Schatten der Baumgruppe die Gestalt einer alten Frau und kam auf ihn zu. Er kannte die Frau nicht, hatte sie nie zuvor gesehen.

„Wer bist du?" fragte er. „Kommst du vom Dorf, weißt du, wo Gerian liegt?"

Es war schon beschämend, eine Fremde nach dem eigenen Haus fragen zu müssen. Statt einer Antwort deutete die Alte mit knöchrigem Finger tiefer in die Schlucht hinein und huschte dann kichernd an ihm vorüber.

Dem Mann sträubten sich die Haare im Nacken. Entsetzen packte ihn und nackte Angst um sein Leben. Er lief, rannte und taumelte den Weg weiter in die Richtung, die ihm die Alte gewiesen hatte. Sein Denken setzte aus, sein Herzschlag zuweilen auch und immer öfter sein Atem. Stunde um Stunde rannte der Mann durch die Schlucht, ohne auch nur einen Meter voranzukommen. Gelegentlich schien es, als käme er der Kieferngruppe näher, und er strengte sich noch mehr an. Sowie er jedoch glaubte, sie zu erreichen, rückten die Bäume plötzlich weg und stellten sich an einer anderen Stelle wieder auf.

'Das ist nicht die Schlucht, die ich kenne', dachte er, 'das muss wohl eine andere Wirklichkeit sein...' – und seine Gedanken kreisten ihm wild durch den Kopf. Gestern, heute, morgen – alles geriet durcheinander, und kein Ding war mehr so, wie es von Natur aus sein sollte.

Der Mann aus Gerian überlebte. Das Sonderbare war nur, dass er erst eine ganze Woche später zu Hause eintraf – stoppelbärtig, wirres Zeug redend und mit schlohweißen Haaren. Niemand konnte sich die Sache erklären, auch der Mann selber nicht, denn der war nicht mehr ganz richtig im Kopf und behauptete, die Bäume in der Schlucht seien keine wirklichen Bäume, sondern verwünschte Seelen, die auf der Suche nach ihren verlorenen Körpern sind.

Die Teufelsmauer

Im Südosten von Palma, in der Nähe von Mazo, lebte einst ein junger Mann namens Roberto. Mit ihm trieb der Teufel sein Spiel, denn der Teufel hasst bekanntlich nichts mehr, als wenn zwei sich von ganzem Herzen lieben, und Roberto liebte ein Mädchen namens Femina.
Also ließ der Teufel ganz plötzlich die Eltern des Mädchens sterben, so dass sie als Waise dastand. Zum Glück gab es noch einen Onkel und eine Tante, die sich des Mädchens annahmen, und Femina zog zu ihnen ins Haus.
Nun lebten aber Onkel und Tante ganz im Nordwesten der Insel, in Garafía, so weit weg von Mazo, wie es nur eben ging, und Roberto und Femina waren sehr traurig über die Trennung. Femina weinte in Garafía heimlich bei der Arbeit, und in Mazo wurde Roberto von Tag zu Tag mürrischer, so dass ihn seine Freunde deswegen bereits aufzogen. Schließlich brach Roberto eines Sonntagmorgens auf, um seine Geliebte zu besuchen. Wer die Entfernung kennt, wird sich wundern, dass er die gewaltige Strecke an einem einzigen Tag zurücklegte, denn man muss-

te die ganze Cumbre entlanglaufen, an Los Llanos de Aridane vorbei, den Kraterrand der Caldera hinauf bis zum Roque de los Muchachos und jenseits wieder hinab.

Nun sind die Palmeros stets gut zu Fuß gewesen, und Roberto galt als besonders schneller Läufer. Das Wunder bestand aber darin, dass Roberto an jenem Sonntag nicht nur nach Garafía lief, um seine geliebte Femina zu sehen und in ihrer Nähe zu sein, sondern in der gleichen Nacht auch noch den weiten Weg zurück nach Mazo schaffte, um pünktlich am Montagmorgen wieder zur Arbeit in der Plantage zu erscheinen.

Wochenende für Wochenende wiederholte er dieses Spiel, und Roberto lief den Weg immer schneller, um Zeit für seine Geliebte zu gewinnen. Als der Teufel nun sah, dass die Trennung so wenig nutzte, keine Verzweiflung über die beiden hereingebrochen war und ihre Liebe mehr blühte denn je, wurde er wütend. Er sann nach, wie er die beiden doch noch trennen konnte und entwarf einen Plan. Am nächsten Sonntagmorgen setzte er seine bösen Gedanken in die Tat um.

Als Roberto gerade den schmalen Saumpfad am steilen Kraterrand zwischen dem Pico de las Nieves und dem Roque de los Muchachos entlanglief, schlug er mehrmals mit der Faust auf die Erde. Erstaunt und erschrocken blieb Roberto stehen, lauschte dem Donner und spürte das Beben. Er blickte zum Himmel, aber da war keine Wolke, also schied ein Gewitter aus. Und die feuerspeienden Vulkane waren lange Zeit ruhig geblieben. Es klang aber so, als kündige sich mit einem kräftigen Erdbeben ein größerer Ausbruch an. Roberto bekam es mit der Angst. Er lief hastig weiter, blickte kaum noch nach rechts oder links und rannte so schnell wie nie zuvor in seinem Leben. Fast wäre er dabei gegen einen Felsen gelaufen, denn wo letztes Mal noch der Saumpfad gewesen war, stand plötzlich eine riesige Mauer. Davor lehnte der Teufel und grinste Roberto hinterhältig an.

„Na, das hättest du wohl nicht von mir erwartet", sagte der Teufel, „dass ich soviel Macht besitze, mit der bloßen Hand die Landschaft zu verändern, noch dazu, wo sie aus hartem Fels besteht."

„Gib den Weg frei", entgegnete Roberto trotzig. Die Liebe zu Femina brannte so stark in ihm, dass er selbst die Angst vor dem Teufel verlor.

„Ha, ich weiß, warum du es so furchtbar eilig hast", höhnte der Teufel, „aber diesmal wird leider nichts aus dem Treffen mit deiner Femina, und nicht nur diesmal, für alle Zeiten ist es damit aus. Siehst du nicht, dass die Mauer viel zu hoch und zu glatt ist, um sie zu überklettern?"

Roberto blickte genau hin und sah, dass der Teufel recht hatte. Es war einfach unmöglich, das Hindernis zu überwinden.

„Genauso wie ich die Mauer gemacht habe, kann ich sie auch verändern", prahlte der Teufel. „Zum Beispiel so." Bei diesen Worten drückte er mit dem Zeigefinger einen ganz schmalen Durchschlupf in das Gestein, so eng, dass gerade ein Mensch hindurchpasste, der die Luft einzieht und sich dünn macht.

Durch diesen Spalt wollte sich nun Roberto zwängen, aber der Teufel hielt ihn fest. „Hör genau zu", zischte er, „einmal lasse ich dich noch durch, damit du zu deiner Geliebten kannst. Das nächste Mal aber, auf dem Rückweg schon, kostet es deine Seele. Ich finde, das ist ein faires Geschäft."

Das fand Roberto nun nicht gerade, aber er war viel zu verwirrt, um weiter darüber nachzudenken und willigte daher ein, und der Teufel ließ ihn unbehelligt passieren.

Erst später, als er bei Femina anlangte, begann er, sich heftig Gedanken zu machen und grübelte hin und her.

„Du bist heute so seltsam", sagte das Mädchen. „Worüber machst du dir Sorgen?"

Da erzählte ihr Roberto alles, und Femina fing heftig zu weinen an. „Dann darfst du eben nicht mehr zurück", meinte sie schließlich, als sie sich etwas gefasst hatte, „denn dann wärst du für immer verloren. Einen Mann, dessen Seele der Teufel besitzt, könnte ich nie wieder lieben."

Da kam Roberto die Erleuchtung, und er schlug sich mit der flachen Hand an die Stirn.

„Du hast mich auf den richtigen Gedanken gebracht!" rief er

lachend. „Die Lösung ist so einfach, dass sogar der Teufel nicht darauf gekommen ist: ich werde eben kein zweites Mal seine Mauer passieren. Ich bleibe bei dir, sorge für dich und gehe nie wieder zurück nach Mazo."

So wurden Roberto und Femina doch noch ein Paar, lebten glücklich zusammen und bekamen viele Kinder und Enkel. Der Teufel aber, der manchmal sehr listig, oft aber auch ein bisschen dumm ist, wartet – so sagt man – noch heute in der Nähe seiner Mauer und fragt jeden, der vorbeikommt, wann endlich Roberto aus Garafía eintrifft.

Wie die Pfeifsprache entstand

Wer heute als Tourist Gomera besucht und Zeit genug hat, die abgelegenen, äußerst ruhigen und beschaulichen Teile der Insel zu erkunden, wird – mit etwas Glück – auf Ziegenhirten stoßen, die sich über tiefe Schluchten und imposante Entfernungen hinweg der uralten Pfeifsprache bedienen. Auf Gomera wird nicht – wie in den Alpen – gejodelt, sondern 'ferngepfiffen'.
Hierzu werden gesprochene Worte in hart geflüsterte, zwitschernde Pfeifgeräusche umgesetzt, die allesamt exakt umrissene Bedeutungen besitzen. Die Vokale sind deutlich herauszuhören: das i beispielsweise wird mit einem sehr hohen, das u mit einem sehr dunklen, anhaltenden Pfiff wiedergegeben. Die Sprache ist äußerst variationsreich und ermöglicht auch differenzierte Unterhaltungen. Beim Pfeifen wird der Mund entweder gespitzt oder durch zwei Finger in die Breite gezogen. Auch die Zunge tritt dabei in Aktion, und eine Hand wird als Schalltrichter benutzt.

Die 'El silbo' genannte Sprache ist heute spanisch, stammt aber von der altgomerischen Guanchensprache ab, deren meiste Worte in Vergessenheit geraten sind. Die Entstehungsgeschichte dieser sonderbaren, auf der Welt wohl einmaligen Verständigungsmöglichkeit liegt im Dunkeln. Einige mehr oder weniger glaubwürdige Legenden versuchen, dazu Antwort zu geben. So stoßen wir zum Beispiel in alten Quellen auf die ernsthafte Behauptung, dass es sich bei den Gomerern um 'Beschnittene' handelt, denen grausame Herrscher als Strafe für ihre Aufsässigkeit die Zungen herausgeschnitten hätten. Wahrscheinlich haben frühe spanische Inselbesucher sich diese Erklärung zurechtgelegt, um das seltsame Verhalten der Einheimischen zu bewerten, die sich pfeifend und für jeden Fremden unverständlich in einer Art trillernder Geheimsprache unterhielten.

Wieder andere behaupten, die Guanchen auf Gomera hätten nach ihrer Unterwerfung durch die Spanier sich freiwillig selbst verstümmelt, um niemals gezwungen zu sein, die verhasste Sprache der Besatzer erlernen zu müssen. Doch genug von solch blutrünstigen Deutungsversuchen.

Die schönste Geschichte, die ich zur Erklärung der Pfeifsprache fand, stammt von einer alten Bäuerin aus dem Weiler Ayamosma, nahe des Roque Sombrero und des eindrucksvollen Barranco Juan de Vera, in dessen unmittelbarer Nachbarschaft die Höhle liegt, vor der das Attentat auf den grausamen Grafen und Sklavenhändler Hernán Peraza stattfand. So lautet die Legende:

Rechts und links des Barranco lebten einst zwei Stämme der Guanchen, die von rivalisierenden Menceys geleitet wurden. Die Schlucht bildete die natürliche Grenze zwischen ihren Herrschaftsgebieten. Zwar führten sie nie offen Krieg gegeneinander, aber all ihr Streben war auf Konkurrenz ausgerichtet. Jeder behauptete von sich, seine Leute würden die haltbarsten und schönsten Tonschalen töpfern, den besten Gofio zubereiten und im Ringkampf stets dem anderen überlegen sein. Dieses Kräftemessen, Aufschneiden und missgünstige Belauern ging so weit, dass bald kein Angehöriger des einen Stammes mit einem Mitglied des anderen mehr sprach. Man ging sich einfach aus dem Weg oder drehte, wenn man doch jemanden von der Konkurrenz traf, den Kopf zur Seite, um den unliebsamen Nachbarn zu übersehen.

Selbstverständlich kam niemandem aus den beiden Stämmen jemals die Idee, quer über den Barranco hinweg zu heiraten und damit die gegenüber hausenden Leute anzuerkennen. So war es wenigstens viele Generationen lang. Aber so gut und richtig ein Brauch auch sein mag – er lässt sich nicht ewig halten, und manchmal sind es gerade die kleinen Ursachen, die den Anstoß geben, dass sich alles ändert. In diesem Fall war es eine Krähe.

Im Dorf rechts des Barranco wohnte ein Junge namens Tahuyo; der musste die Ziegen auf die Weideterrassen des Barranco treiben, möglichst dorthin, wo die saftigsten Grasmatten wuchsen. Und im anderen Dorf, links des Barranco, gab es ein Mädchen, das hieß Azamota und musste das gleiche tun.

So war es unvermeidlich, dass sie sich unterwegs in der Schlucht trafen, und da der Weg an dieser Stelle eng war, mussten sie dicht aneinander vorbei. In der stolzen Haltung ihres Stammes blieb Azamota stehen und drehte den Kopf weg, um den Jungen, von dem sie wusste, dass er von 'drüben' stammte, nicht ansehen zu müssen. Tahuyo tat es ihr gleich, denn auch er war ein echter Spross seines Dorfes. So blieben sie eine Weile stehen und verhielten sich so, als sei der andere Luft für sie.

Nun war aber Azamota ein recht schönes Mädchen, und Tahuyo sah auch nicht schlecht aus. Jedenfalls riskierten beide gelegentlich einen schnellen Seitenblick, um danach wieder geradeaus in die Luft zu starren.

Nun, es blieb nicht bei einem Seitenblick und auch nicht bei dieser einen Begegnung, denn beide stellten fest, dass sie – allem Brauchtum zum Trotz – durchaus interessant füreinander waren. Für heute, für dieses erste Treffen, zog Azamota schließlich die Konsequenz: sie schritt erhobenen Hauptes an dem fremden Jungen vorbei und kümmerte sich ausschließlich um ihre Ziegen, von denen einige bereits weiter gezogen waren als erlaubt. Sie rief ihnen zu, bückte sich, las kleinere Steine auf und trieb die Herde durch geschickte Würfe wieder zusammen.

Desgleichen tat Tahuyo, rief noch lauter und sammelte seinerseits Steine, um die eigenwilligen Tiere zur Raison zu bringen. Er sah sich nicht einmal mehr nach dem Mädchen um, als er mit seiner Herde weiter in den Barranco hineinzog. Und Azamota dachte: 'Mag er sich doch ruhig umdrehen, ich denke gar nicht daran, dasselbe zu tun.'

Am nächsten Tag aber trafen sie sich wieder – und welch Zufall – an eben dieser Stelle und zu eben dieser Zeit. Wieder versuchten sie, sich gegenseitig geflissentlich zu übersehen und deutlich Überlegenheit zu demonstrieren. Wenn nur nicht diese lästige Versuchung gewesen wäre, dauernd Seitenblicke werfen zu müssen!

So sehr Azamota und Tahuyo sich auch bemühten, zur Seite zu blicken – sie sahen sich immer häufiger und begannen sogar,

sich richtig und tatsächlich anzuschauen. Sogar im Traum sahen sie sich – und das ist ein besonders schlimmes Zeichen.
Eines Tages nun standen sie sich wieder schweigsam an jenem Engpass gegenüber, zu dem es aus unerklärlichen Gründen stets ihre Herden trieb. Und da sie ja nicht miteinander sprachen, war es unglaublich still. Ein Europäer würde wohl sagen, es war so still, dass man eine Stecknadel hätte fallen hören. Auf den Kanaren aber ist die Stille anders und manchmal sehr laut. Vögel jubilieren im Gesträuch so schön und lieblich, wie sie es nur im kanarischen Frühling tun, der zudem aus tausend Poren zu atmen scheint und aus unzähligen Blüten betörende Düfte sendet, die den Verstand verwirren und das Blut zu schnellerem Rhythmus treiben.
In der Nähe flötete lockend ein Capirote, den man auch die kanarische Nachtigall nennt, und Azamota schien es, als spräche der Vogel zu ihr. 'Sei nicht so stolz und töricht', sang der Capirote, 'siehst du denn nicht, wie der junge Hirte danach schmachtet, dich in die Arme zu nehmen und deine stummen Lippen mit Küssen zu bedecken? Weißt du denn nicht, dass jetzt Frühling ist und die Zeit, wo die Sinne ihre Rechte verlangen? Warum bist du so dumm und versuchst zu unterdrücken, was keine Macht der Welt unterdrücken kann?' Hin- und hergerissen zwischen Vernunft und Sehnsucht war Azamota, die Arme. Was sollte sie tun, um diesen Zustand zu beenden?
Da stürzte, mitten aus heiterem Himmel, ein schwarzer Schatten herab, ein schriller, durchdringender Schrei ließ die Stille zerbrechen, und ein klatschendes Dunkel streifte beinahe Azamotas Gesicht, die erschrocken aus ihren Träumen auffuhr und instinktiv flüchten wollte.

Aber der Abgrund! Zu eng war der Weg, fast wäre sie aus dem Gleichgewicht geraten und in die Tiefe des Barranco gestürzt – wäre nicht Tahuyo blitzschnell zur Stelle gewesen. In den Armen des Hirten fand sie sich wieder und vergaß im gleichen Moment den Stolz ihres Stammes.

Von da an trafen sich Azamota und Tahuyo täglich und entdeckten ihre Liebe für einander, und es ist durchaus möglich, dass sie auch miteinander sprachen, wenn sie Zeit dazu fanden. Ihr Geheimnis blieb indes nicht lange verborgen; andere Hirten beobachteten sie, und bald wussten es beide Stämme. Da zürnte der Familienrat des rechten Dorfes, und im gegenüberliegenden wurde getobt. Wie hatten die Kinder so schmählich die alten Bräuche vergessen können?

Azamota wurde zuhause eingesperrt und von der Mutter bewacht, während ein anderer Junge die Herde Tahuyos übernahm, denn der durfte nun nicht mehr in den Barranco, sondern hatte nahe dem Dorf das Feld zu bestellen. Hier arbeitete er nun, in Sichtweite von Azamotas Hütte und dennoch von ihr getrennt, lag zwischen ihnen und ihrer Liebe doch die tiefe, unüberwindbare Schlucht.

Aber er vergaß das Mädchen von gegenüber nicht, ihr Bild war bereits zu tief in seine Seele gebrannt. Eines Tages, als er wieder einmal am Barranco stand und traurig hinüberspähte, fiel ihm das Lied der kanarischen Nachtigall ein, das er in jener glücklichen Zeit gehört hatte, und aus seinem Gefühl heraus begann er, die schmelzende Stimme des Vogels nachzuahmen. Er spitzte die Lippen, pfiff über die Schlucht hinweg und legte viele Fragen in seine Stimme.

Und plötzlich, plötzlich kam ihm Antwort von gegenüber. Obgleich auch dies nur die Stimme eines Vogels zu sein schien, merkte er sofort, dass es Azamota war, die mit ihm sprach. „Ich bin hier und denke an dich, mein Geliebter", pfiff es herüber und klang voll von Sehnsucht, Trauer und Zärtlichkeit.

Von nun an saß Tahuyo jeden Abend am Barranco und übte sich darin, wie ein Capirote zu trällern, und die Leute, die es hörten, wunderten sich und schüttelten die Köpfe, zumal von drüben immer eine Antwort zurückkam. 'Da muss wohl noch eine Nachtigall sitzen, dachten sie. 'Und der verrückte Tahuyo spricht vor lauter Einsamkeit schon mit den Vögeln'.

Im anderen Dorf dachten sie ebenso. Aber in beiden Stämmen gab es welche, die spitzten die Ohren und glaubten manchmal, richtige Wörter herauszuhören. Das konnte doch nicht sein, dass Vögel so pfiffen – oder doch?

Schließlich hielt es Tahuyo nicht mehr aus, so am Barranco zu sitzen und vor sich her zu pfeifen. Er stand auf, stieg hinab in die Schlucht und jenseits wieder empor, ging ins Dorf – ohne die Leute dort eines Blickes zu würdigen – und holte Azamota aus der Hütte ihrer Eltern. Ehe man etwas dagegen ausrichten konnte, waren die beiden verschwunden und wurden in dieser Gegend nie wieder gesehen.

Von nun an schlugen keine Nachtigallen mehr am Barranco; ungefähr zu jener Zeit aber soll die Pfeifsprache entstanden sein.

Die springenden Lanzen

Adroma und Mazo waren zwei Hirten, wie man sich keine besseren vorstellen kann: mutig, verwegen und stark. Wie alle Hirten sprachen sie wenig, manchmal tagelang kein Wort miteinander, denn sie verstanden sich meistens auch so. Sie waren etwa gleich alt, zusammen aufgewachsen und hatten vieles gemeinsam erlebt. Worüber also hätten sie reden sollen?

Sie zogen mit ihren Herden bis zum Rand des Kiefernwaldes den Pfad entlang, der mit trockenen Nadeln bedeckt und weich wie ein Teppich war, und jenseits wieder ins Tal hinab. Dort gab es saftige Hänge, sonnenüberflutet und still. Wenn sie hier ankamen, wandte sich Adroma nach rechts und Mazo nach links. So bewegte sich jeder, einem ungeschriebenen Gesetz folgend, auf seiner Bahn, war tagelang, oft länger als eine Woche unterwegs, saß unter Bäumen im Schatten, und wenn der Schlaf kam, wachten die Hunde.

Adroma und Mazo dachten viel nach, wenn sie auf diese Weise die Tage verbrachten, richtig tief und ausschweifend dachten sie nach, denn es gibt sehr viel zu denken in der freien Natur. Das neugierige Wesen der Eidechsen zu beobachten, die bunten Falter über den geöffneten Blüten, das suchende Schweben der Krähen am Barranco – all dies zu sehen und miteinander in Beziehung zu bringen, ist Denken, viel wichtiger noch als das menschliche Spiel mit erfundenen Problemen.

Wenn sie genug nachgedacht hatten, zogen sie weiter, immer noch auf dem Pfad, den vor ihnen viele Generationen von Hirten gezogen waren. Irgendwann hoben ihre Hunde witternd die Nasen in den Wind, drang von fern Blöken und Meckern heran. Dann wussten Adroma und Mazo, dass sich ihre Wege erneut trafen in jenem Tal der sattgrünen Terrassen, das Nahrung für lange Zeit und beide Herden bot. Sie gingen aufeinander zu, nickten kurz und setzten sich wortlos in den Schatten, um Gofio, Käse und Wasser miteinander zu teilen. Auch nach den einsamen Tagen sprachen sie nicht. Worüber hätten sie reden sollen, waren sie nicht in der gleichen Welt unterwegs gewesen und hatten das Gleiche gesehen?

Nun schweigen indes auch Hirten nicht immer. Besonders die von den Kanaren neigen mitunter zu unverhofften Ausbrüchen von Beredsamkeit, führen regelrechte Rededuelle, die wie plötzlich hervorsprudelnde Quellen sind oder wie die Lava aus rauchenden Schlünden. Darin ähneln sie sehr der heimatlichen Erde – auch sie liegt ruhig, manchmal hundert Jahre und mehr, und kann doch völlig unerwartet auseinanderbrechen, Feuer speien und Beben senden.

„Ich wette, du wirfst den Stein nicht weiter als ich", sagte Adroma unvermittelt.

„Mindestens so weit wie du, wenn nicht noch weiter", antwortete Mazo.

„Lass es uns ausprobieren!" rief Adroma, und beide sprangen auf, um ungefähr gleich große Steine zu suchen.

„Siehst du den Strauch dort?" fragte Mazo. „Ich werfe ihm die Früchte ab."

Er zielte bedächtig, schleuderte den Stein und traf den Strauch an der obersten Spitze, so dass er seine gelben Früchte abzuregnen begann.

„Gut", sagte Adroma, „ganz gut für den Anfang. Doch ich nehme jetzt den Kaktus dahinter. Siehst du den großen, der aussieht wie ein aufrecht stehender Mann, der mit den Armen winkt?"

Er zielte und warf, traf den rechten Arm des winkenden Mannes und riss ihm mindestens drei Finger ab. So wetteiferten sie eine Weile und stellten wieder einmal fest, was sie eigentlich schon wussten, dass sie nämlich etwa gleich gut im Steinewerfen waren.

„Lass es uns mit Lanzen probieren", schlug Adroma vor.

Mazo war einverstanden, und so machten sie sich auf, einen Baum zu suchen, dem geeignete Äste wuchsen. Die Hunde umkreisten derweil eilfertig die Herden, während die beiden Hirten den Baum suchten und fanden. Sie kletterten empor und brachen zwei schöne, gerade Äste. Weil sie aber keine Messer besaßen, mussten sie noch scharfkantige Steine finden, die man als Klinge benutzen konnte. Mühsam und schwierig ist die Kunst, damit eine stabile Lanze zu schnitzen. Darüber vergingen zwei volle Tage. Am dritten Tag war das Werk vollendet. Adroma zeigte Mazo die Lanze, und Mazo lobte die Handfertigkeit Adromas. Dann aber ging sofort wieder das aufstachelnde Reden los.

„Schön ist sie schon, deine Lanze", sagte Adroma, „aber werfen kann ich besser. Ich bin sicher, meine fliegt weiter als deine."

„Niemals", entgegnete Mazo. „Den Stein warfst du kein Stück weiter als ich, und mit dem Holz bin ich unschlagbar!"

„Pah, Worte, nichts als Gerede!" rief Adroma. „Zeig erst, was du kannst, so sollst du sehen, dass ich noch viel besser bin!"

„Worauf sollen wir zielen?" fragte Mazo. „Sollen wir Zapfen aus den Teabäumen schießen?"

Nein, nun da die Lanzen so gut und gerade geraten waren, sollte auch das Ziel ein angemessenes sein. Sie beratschlagten hin und her und entschieden sich schließlich, auf eine Anhöhe zu gehen,

um von dort aus nach einem weithin sichtbaren Felsstück zu werfen. Adroma tat seinen Wurf, und die Lanze traf dicht vor dem Fels auf den Boden. Nun war Mazo an der Reihe, und sein Wurfstock kam dicht daneben auf.
Um genau festzustellen, wer von ihnen weiter geworfen hatte, mussten sie drei Terrassen hinab bis zum Felsen klettern. Das strengte an, und sie kamen tüchtig ins Schwitzen. Mehr und mehr rann der Schweiß, denn die Sonne stand hoch am wolkenlosen Himmel; und auch nach dem sechsten Wurf ließ sich nicht erkennen, dass einer von ihnen der bessere war.
Als sie wieder einmal geklettert waren, um die Lanzen zurückzuholen, standen sie keuchend nebeneinander und maßen sich stumm mit Blicken. Zu allem entschlossen sah Adroma aus; er hatte den Mund zugekniffen, und die Adern an seinen Schläfen standen pochend hervor. Mazo sagte nichts, sah sich nur suchend nach einem geeigneten Wettkampfziel um, das alles eindeutig zu entscheiden vermochte. Da deutete Adroma auf einen Busch.
„Nein", sagte Mazo, denn der Busch befand sich auf einer Plattform jenseits eines Spalts, der abgrundtief vor ihnen im Felsen klaffte. Wie sollte man von dort die Lanze zurückholen? Doch Adroma hatte schon ausgeholt und schleuderte das Holz weit hinüber, mitten in den Busch hinein, aus dem Vögel aufstoben.
„Jetzt du", sagte er und trat einen Schritt zurück.
Mazo schüttelte den Kopf. Hatte er sich solche Mühe mit dem Schnitzen der Lanze gegeben, um sie nun leichtfertig wie etwas Nutzloses wegzuwerfen? Adroma bemerkte sein Zögern und lachte lauthals: „Wenn du nicht wirfst, dann bin ich weiter als du und habe gewonnen!"

Mazo war seine Lanze lieb, indes, verlieren wollte er keinesfalls. „Wenn ich meine Lanze werfe, so sind wir sie beide los, unsere schönen Lanzen, denn der Spalt ist zu breit, um darüber zu springen. Also mach ich es jetzt so: ich bringe, egal wie, die Lanze hinüber und mich selber dazu. Schaffe ich das nicht, so stürze ich wohl in die Schlucht und bin tot. Schaffe ich es aber, dann bin ich der Sieger."

Adroma blieb der Mund offenstehen, als er Mazos tollkühne Rede hörte. Abwehren wollte er, und den Freund an der Wahnsinnstat hindern. Doch der hatte sich schon entschlossen, war ein paar Schritte zurückgetreten, hatte die Lanze mit beiden Händen umklammert, nahm Anlauf, stieß das Holz kurz vor dem Spalt in den Boden, schnellte mit den Füßen ab, als wolle er springen und flog zugleich mit der Lanze über die Schlucht.

Entsetzt riss Adroma den Arm vor die Augen, um nicht Zeuge werden zu müssen, wie der Leib seines Freundes in der Tiefe zerschellte. Als nichts dergleichen geschah, kein Schrei und kein Aufprall zu hören war, senkte er den Arm und sah Mazo wohlbehalten drüben stehen. Da triumphierte der Sieger, mit beiden Fäusten seine Lanze umklammernd. Adroma sah es genau: zum Busch ging Mazo, bückte sich dort, hob den anderen Wurfstab auf und kam damit zurück.

„Mach es mir nach", rief Mazo, „mach es mir nach, damit du nicht dein restliches Leben unter dem Gefühl leidest, Verlierer zu sein!"

Da musste Adroma springen, ob er wollte oder nicht, und er machte es so wie Mazo zuvor, die Lanze als Sprungstab benutzend.

Von diesem Tag an trugen sie stets ihre Lanzen bei sich, wohin sie auch gingen. Und wenn ein Hang kam oder eine steile Terrasse, so verloren sie keine Zeit mit mühsamem Klettern, sondern verwendeten die Lanzen stets so wie beim Sprung über den Felsspalt. Von Absatz zu Absatz sprangen sie, viel weiter und besser als die Ziegen. Und wenn sie andere Hirten trafen, so führten sie bereitwillig und stolz ihre neue Kunstfertigkeit vor. Daher verbreitete sich das Stabspringen weit über die Inseln. Noch heute beherrschen einige Männer auf den Kanaren diese Technik wie vor vielen hundert Jahren.

Die heilige Quelle von Fuencaliente

An der Südspitze der Insel La Palma, dort, wo auf den lavabedeckten Hängen der süße Malvasier-Wein wächst, liegt der verträumte Ort Fuencaliente. Seinen Namen verdankt er der Legende, dass es weiter südlich am Fuße des Roque Teneguía einst eine warme Quelle gab, mit der es seine besondere Bewandtnis hatte.

Ein frommer Eremit wanderte dort eines Tages durch die Felseinsamkeit, um seltene Heilkräuter zu sammeln, die nur in jener Gegend wachsen. Er war ein Mann, der in früheren Jahren Botanik studiert hatte, gut über Pflanzen und ihre Wirkkräfte Bescheid wusste und nun sein ganzes Wissen daransetzte, kranken Menschen zu helfen. Die Einheimischen kannten ihn gut und nahmen weite Wege auf sich, um ihn in seiner schlichten Klause zu besuchen, sich Rat bei ihm einzuholen und gute, wirksame Medizin gegen ihre Beschwerden zu bekommen.

Es war ein heißer, sonniger Tag, und der Eremit ging langsam, um nicht allzusehr ins Schwitzen zu kommen. Gelegentlich blickte er sich auch nach einem schattigen Platz um, wo er wohl eine Rast einlegen konnte. Da sah er plötzlich ein verletztes Tier vor sich, einen Seevogel, dessen rechter Flügel steif ausgestreckt abstand. Vielleicht war der Flügel gebrochen, und der Vogel konnte nicht mehr fliegen, jedenfalls setzte er mit kleinen Sprüngen über den Boden hinweg und ließ sich davon auch durch das Näherkommen des Menschen nicht abhalten. Der Eremit wunderte sich etwas über das sonderbare Verhalten des Vogels und beschloss, ihn nicht mehr aus den Augen zu lassen. Langsam ging er ihm nach und merkte, dass der Vogel geradewegs auf den Roque Teneguía zulief.

Dies war ohnehin schon eine merkwürdige Gegend, die bereits den Ureinwohnern heilig gewesen war. An manchen Stellen hatten sie seltsame Zeichen, Labyrinthe, Spiralen und unverständliche Schriftfiguren in den Felsen gezeichnet. Eine Quelle sollte es hier gegeben haben, aber noch nie hatte sie jemand gefunden.

Und jetzt hüpfte der Vogel vor dem Mann her, als locke er ihn und führte ihn einen Weg, den er nie zuvor gegangen war. Schließlich verschwand der Vogel zwischen einem Felsspalt, und als der Mann sich mühsam hindurchzwängte, sah er mit einem Male eine dampfende Quelle vor sich aus dem Boden sprudeln. Dort saß der Vogel, trank und tauchte seinen verletzten Flügel ein. Der Eremit blieb ganz still und beobachtete alles. Er sah, dass der Vogel sich zusehends erholte und neue Kräfte bekam. Schließlich konnte er den steifen Flügel wieder einholen und sogar bewegen. Und dann – dem Mann stockte der Atem – erhob sich der Vogel und flog davon, als hätte er niemals so erbärmlich gelahmt. Hoch in die Lüfte flog er, machte übermütig einen Bogen und strebte dann hinaus über die freie See.

Jetzt beugte sich der Eremit selbst über die Quelle und kostete davon. Das Wasser schmeckte fremdartig, aber nicht unangenehm. Er wusste, dass viele Quellen auf der Insel heilend waren, enthielten sie doch Minerale, Elemente und wertvolle Bestandteile aus dem Innern der Erde. Heilsam war auch die Nähe zu den Vulkanen, deren segensreiche Ausstrahlung er am eigenen Leibe erfahren hatte.

Zum Glück führte er einen tönernen Trinkwasserkrug bei sich; den füllte er nun mit dem Quellwasser und merkte sich den Ort gut, denn er hatte vor, ihn bei nächster Gelegenheit aufzusuchen. Dann machte er sich auf den Rückweg zu seiner Behausung.

Nun wollte es der Zufall, dass er am gleichen Tag einem Aussätzigen begegnete, der sich in die Berge zurückgezogen hatte, um hier zu sterben. Der schreckliche Zustand des Leprakranken erbarmte den Eremiten. Ohne lange darüber nachzudenken, wie ansteckend die Krankheit sein konnte, reichte er ihm den Wasserkrug zur Erfrischung. Der Kranke trank und fühlte bereits nach dem ersten Schluck eine spürbare Linderung seiner Leiden. Da führte der Eremit den Armen zu jener warmen Quelle, die er soeben erst entdeckt hatte, und ließ ihn dort baden. Auf wunderbare Weise wurde der Mensch geheilt, und es sollte nicht der einzige Leprakranke bleiben, der den Segen der Heilquelle zu spüren bekam.

Auf diese Weise wurde der Platz berühmt, und oberhalb entstand ein Ort, der nach der heiligen Quelle benannt wurde. Als 1677 der benachbarte Vulkan San Antonio ausbrach, verschlang der breite Lavastrom auch die heilige Quelle, die von nun an für immer verschwunden blieb.

Der Palmvogel

„Wenn der Palmvogel kommt", sagte Rosa Maria und drückte die kleine Juanita fest in ihren Arm, „wenn der Palmvogel kommt – und meistens kommt er, wenn es dunkel ist, selten am Tag – dann musst du ganz still sein und zuhören, was er sagt. Du kannst ihm Fragen stellen, und wenn er Lust hat, dann gibt er dir Antwort. Du kannst auch, vorausgesetzt, du warst brav und hast es verdient, ihm einen Wunsch nennen. Blick schnell zum Himmel dabei und zähle die Sterne, die herabfallen. Sind es drei oder mehr, so geht dein Wunsch in Erfüllung."

Was die Mutter noch sagte, vergaß die kleine Juanita so rasch, wie Rosa Maria gesprochen hatte. Aber das mit dem Palmvogel war schon etwas Besonderes, das vergaß man nicht. Sie nahm sich vor, es bei nächster Gelegenheit auszuprobieren. Sie blieb in der folgenden Zeit absichtlich lange auf und wartete auf den Sternenhimmel. Und wenn er endlich erschien, gab sie sich Mühe, wach zu bleiben, um die Ankunft des Palmvogels nicht zu versäumen. Schwirig war es, den Palmvogel abzupassen! Offenbar – hatte das Rosa Maria nicht auch gesagt? – kam er nur ganz selten; es gab nur den einen, und der hatte reichlich zu tun, musste viel herumfliegen, um überall wenigstens einmal aufzutauchen. Vielleicht war er schon hier gewesen, und sie hatte nicht aufgepasst, und nun würde es wieder sehr lange dauern, bis er sich erneut in diese Gegend begab. Die kleine Juanita wartete betrübt, bis sie die ganze Sache schließlich vergaß.

Dann aber, zwei Wochen später, bot sich eine großartige Gelegenheit. Unten im Dorf wurde Fiesta gefeiert, und sie gingen schon am Nachmittag alle hinunter, um die Prozession auf der Plaza mitzuerleben. Man verschoss Raketen, dass es nur so krachte und dampfte; Mandelküchlein und andere Süßigkeiten gab es überreichlich. Besonders aber gefiel ihr, dass sich die Erwachsenen anders benahmen als sonst. Alles war plötzlich erlaubt. Den ganzen Tag über brüllte Musik aus den Lautsprechern; Wein und Cerveza wurden auf der Straße ausgeschenkt und nicht wie sonst in den Bars und Bodegas.

Das schönste an diesem Tag jedoch war die Gewissheit, am späten Abend nicht nach Hause zu müssen. Nein, sie blieben allesamt unten in der Finca des Onkels, der eine Bananenplantage besaß, deren Terrassen ganz dicht bis ans Meer reichten. Hier war es schön, wunderschön und geheimnisvoll, allein schon das ständige Rauschen und Klatschen der Bananenblätter, lauter noch als die Brandung des Meeres. Und nachts schienen Geister, freundliche Geister durch die Bananenstauden zu brechen, begleitet vom warmen Atem des Windes. Sie raschelten in der schwarzen Ungewissheit und blieben doch jenseits der Veranda. Es war klar, dass sich keiner von ihnen zum Haus hin wagte. Sie huschten nur draußen hin und her und trieben allerlei Unsinn.

Irgendwann wurden die Kinder von Rosa Maria und den anderen Frauen in die Finca gebracht, José, Manuela, Ana, Ines, Tonio, Carmela und wie sie alle hießen. Die Frauen verteilten sie über zwei Schlafräume und gingen dann hinaus in einen anderen Teil des Hauses. Es gab nicht einmal Geschrei, denn die Kinder waren müde, todmüde vom langen Tag der Fiesta; sie fielen auf die Betten und schliefen sofort ein. Nur die kleine Juanita nicht. Als sie so dalag und das helle Mondlicht durch die Spalten der Fensterverschläge fallen sah, wurde sie wieder wach. Leise stand sie auf, schlich nackt auf die Veranda, suchte sich einen Platz und wartete.

Ringsum raschelten die Bananenblätter, winkten mit ihren zerfransten Armen. Rund stand der Mond am Himmel und ließ sein Licht silbrig über die Veranda fluten. Die Nacht war voller Stimmen und doch in sich melodisch und ruhig. Juanita saß mit angezogenen Beinen, hatte die Arme um die Knie gelegt, hielt das Kinn aufgestützt und das Gesicht der großen, geheimnisvollen Nacht zugewandt.

Plötzlich erschrak sie von einem fremden, ihr völlig unbekannten Geräusch. Ein seltsames Keckem, Schnalzen, Zwitschern und Rüstern erhob sich mit einem Male zwischen den Bananen, flog bald hierhin, bald dorthin, kam von rechts und dann wieder von links und war schließlich ganz nahe. Da konnte Juanita auch die Laute heraushören. Es war der Palmvogel, kein Zweifel. Sie lauschte angestrengt, um auch ja jedes Wort zu verstehen, was nicht einfach war, denn der Palmvogel sprach sehr schnell und ziemlich undeutlich und unterbrach seine Rede ständig durch Keckem und Krächzen. Soviel aber bekam sie mit: er erzählte ihr von der Welt und seiner endlosen Reise durch sie. Erstaunliches berichtete der Palmvogel, Dinge, die so phantastisch waren, dass man sie kaum glauben konnte. Aber der Palmvogel sagte, dass alles wahr sei, er habe es selbst mit eigenen Augen gesehen und überhaupt spreche er stets nur die Wahrheit.

Da fiel ihr ein, was Rosa Maria gesagt hatte. Sie spähte zum Himmel und zählte die herabfallenden Sternschnuppen. Dort eine, da die zweite und dritte ... in klaren Nächten sind es besonders viele. Schnell schloss sie die Augen und konzentrierte sich fest auf ihren Wunsch. Eis, dachte sie, Eis, Eis, Eis. Soviel Eis, wie sie nur vertragen konnte, einen ganzen Berg voll, Schokolade, Pistazie, Vanille, Orange... Beim bloßen Denken daran lief ihr das Wasser im Munde zusammen. Derweil meckerte der Palmvogel fröhlich weiter und erzählte seine unglaublichen Geschichten, bis die kleine Juanita in Schlaf versank.

Am nachten Tag ging die Fiesta zunächst weiter, mit Messe, mit Musik und dem Essen an großen Holztischen im Schatten der Bäume. Plötzlich drang vom Barranco ein schrilles Klingeln herauf, kam die Straße heran, kam näher und näher, bis alle Kinder aufsprangen und dem Geräusch entgegenrannten. Ein merkwürdiges weiß-rotes Auto war da, viereckig und offen, und ein Mann saß darauf, der rief schon von weitem: „Helados! Helados!"

„Bekomme ich Eis?" fragte die kleine Juanita rasch ihren Papa. Der hatte gerade die Tonkaraffe vom Mund genommen, ächzte selig und wischte sich mit dem Handrücken die Weinspuren vom Kinn.

„Soviel du willst, weil Fiesta ist", sagte er.

Bevor er zu Ende gesprochen hatte, war sie schon bei den anderen Kindern am komischen roten Auto und bestellte sich einen

gewaltigen Berg Eis, soviel, dass es sie Mühe kostete, es überhaupt zu schaffen.
Es hatte also geklappt: was Rosa Maria über den Palmvogel sagte, war wahr. Leider mussten sie am späten Nachmittag wieder nach oben, wo ihr Haus lag, und bis zu den Bergen stieg der wunderbare Vogel leider nicht empor.
Zu Weihnachten aber bot sich die nächste Gelegenheit, den Onkel in der Bananenplantage zu besuchen und in der Finca zu übernachten. Als der Abend endlich kam, wurde Juanita ganz aufgeregt. Sie konnte kaum abwarten, ins Bett zu gehen, und als sie endlich darin lag, wollten die Erwachsenen noch immer keine Ruhe geben, lärmten herum und unterhielten sich endlos. Zum Glück waren sie vorne im Haus, die Veranda hinten lag unberührt; wie ein Schiffsbug ragte sie über das Meer aus Bananenstauden. Der Wind, der kühler als sonst war, strich kräftig durch die Blätter und ließ sie rauschen, dass es der kleinen Juanita schien, als befände sie sich wirklich in einem Meer. Sie fröstelte und zog die Jacke fester über den Schultern zusammen. Würde der Palmvogel diesmal überhaupt unterwegs sein, bei so kaltem Wetter?
Sie wartete und wurde dafür belohnt. Der Palmvogel kam. Ein Wispern näherte sich, wurde zum Keckem, Schnalzen und Krächzen, und schließlich konnte sie die Worte des Palmvogels heraushören. Sie sah ihn nicht, aber konnte ihn gut verstehen; er saß irgendwo ganz dicht in der Nähe. Und was er alles erzählte! Ganz schwindelig wurde ihr bei seinen Worten, und sie musste richtig aufpassen, ihren Wunsch dabei nicht zu vergessen. Der Himmel war klar, die Milchstraße deutlich zu sehen, und auch die Sternschnuppen ließen nicht lange auf sich warten. In

rascher Folge stürzten sie durch die Dunkelheit, für Bruchteile von Sekunden nur sichtbar, bevor sie verloschen – drei, vier, fünf hintereinander. Sie schloss schnell die Augen und dachte an ihren Wunsch. Ein Kleid wünschte sie sich, so schön, wie sie neulich eines bei der älteren Schwester gesehen hatte. 'Ein Kleid', dachte sie nur. Gewiss, das war wohl sehr teuer... Wenn schon, der Palmvogel hatte 'ja' dazu gesagt. Irgendwie würde er das Wunder schon bewirken können...
Und richtig, am nächsten Tag ging ihr Wunsch in Erfüllung: sie bekam ein Kleid, das noch viel schöner war als das ihrer Schwester, denn es war nicht blau, sondern rot und hatte oben an den Schultern zwei zierliche Schleifen.
Von diesem Tag an stand für die kleine Juanita unumstößlich fest, dass der Palmvogel ihr Freund und ein großer Zauberer war. Leider ließ er danach lange nichts mehr von sich hören, so lange, dass sie ihn tatsächlich vergaß.
Die kleine Juanita wurde größer und älter, und schließlich hatte sie einen Freund, den sie gut leiden konnte, obwohl ihre Eltern ihn nicht recht mochten. Dafür hatten sie ihre Gründe, denn der Junge besaß ein paar unübersehbare Fehler: er konnte nicht mit Geld umgehen, war unzuverlässig bei der Arbeit, bekam dadurch Probleme und trank, um sie zu vergessen. Aber davon wurden die Probleme nicht kleiner; im Gegenteil, richtig in die Zwickmühle geriet er, und eines Tages schlug er Juanita sogar im Streit. Sie hatte nämlich herausgefunden, dass er stahl und ihm deswegen Vorhaltungen gemacht, was ihn in unbeherrschte Wut versetzte.
Nachher weinte Juanita, und sie weinte auch eine Woche später, als man ihn erwischte und er im Gefängnis verschwand.

Ihr Kummer schien unüberwindlich und abgrundtief. Da entsann sie sich plötzlich, nach langer Zeit wieder des Palmvogels und seiner Wunder. Sie zog zum Onkel in die Bananenplantage und setzte sich am Abend ganz allein und von niemandem bemerkt auf die Stufen der Veranda hinter dem Haus. Lange saß sie dort und dachte viel nach; derart in ihre Gedanken versunken war sie, dass sie richtig erschrak, als auf einmal der Palmvogel erschien. Sein Körper war in der Dämmerung nicht genau zu erkennen, nur ein dunkler blauschwarzer Schatten. Aber das Schnalzen, Keckem, Meckern, Krächzen, das seine Rede begleitete, erkannte sie sofort.
„Hallo, Palmvogel", sagte sie leise, und der Vogel antwortete ihr mit einem unaufhörlichen Schwall von Worten.
Nun ist nicht bekannt, was Juanita in jener Nacht alles mit dem Palmvogel besprach und was er ihr im Einzelnen riet. Man weiß auch nicht, ob sie sich wirklich an seine Ratschläge hielt. Eines aber weiß man: Juanita ist inzwischen mit einem Carpintero, einem Zimmermann also, verheiratet und hat zwei Kinder von ihm. Er raucht nicht, trinkt ganz wenig und ist trotzdem fröhlicher als die meisten anderen Leute. Nichts gefällt Juanita besser an ihrem Mann als sein vergnügtes Lachen. Der kleinen Isabel aber und dem Sancho, der noch nicht laufen kann, wird sie ganz gewiss eines Tages die Geschichte von dem Palmvogel erzählen.

Wie der eitle Don Martínez einmal besonders gescheit sein wollte und dennoch hereinfiel

In Argual lebte einst die schöne und stille Doña Isabel; als blutjunges Mädchen hatte sie auf Drängen der Eltern den sehr viel älteren Martínez heiraten müssen, war Isabels Familie doch arm und hatte die Hoffnung auf bessere Zeiten verloren. Don Martínez hingegen war zwar alt und gebrechlich und bereits zweimal kinderlos Witwer geworden, aber ihm gehörte viel Land. Als größter Plantagero weit und breit herrschte er über viele Menschen und noch mehr Bananen. Eitel und selbstsüchtig führte er seine schöne Frau sonntags zur Stadt und genoss die neidischen Blicke der anderen Männer, die voll Bewunderung auf der schönen Isabel ruhten, wenn sie zusammen über den Platz vor der Kirche schritten. Er gab sich dabei wie ein balzender Gockel, obwohl er längst vergessen hatte, was sonst noch Angenehmes zu den ehelichen Pflichten gehört. Aber das interessierte ihn nicht; die schöne Isabel war sein Besitz, er hatte sie mit Haut und Haaren erworben und hütete sie eifersüchtig, fast mehr noch als das Wasser in seinen Plantagen. Doña Isabel seufzte nur heimlich und war im Übrigen sehr still.

Nun musste Don Martínez zweimal im Monat geschäftlich nach Santa Cruz – eine Angelegenheit, die für den Fortbestand seines Reichtums unentbehrlich war, ihm aber dennoch Kopfschmerzen bereitete, denn der Weg in die Hauptstadt war weit. Damals gab es die Tunnelstraße durch die Cumbre noch nicht, man musste also die ganze Insel umrunden, und das bedeutete für Don Martínez, dass er jedesmal zwei volle Tage und eine Nacht von Zuhause weg war. Zwei Tage und eine Nacht konnte er seine Isabel nicht bewachen – welch Jammer und welch schreckliche Ungewissheit für einen Mann wie Don Martínez!

Der misstrauische Alte sann auf eine Lösung, und als er sie gefunden glaubte, lenkte er das Gespräch vorsichtig auf das heikle Thema.

„Du wirst nicht glauben, was ich in der Hauptstadt erfahren habe", begann er und versuchte, seiner Stimme einen unverfänglichen Ton zu geben.

„So, was denn?" fragte Doña Isabel.

„Eine ganz und gar hässliche und unmoralische Geschichte", sagte Don Martínez, und Isabel bekam wache und neugierige Augen, was der alte Esel jedoch nicht bemerkte. Zielstrebig seinem wohlüberlegten Plan folgend, fuhr er fort:

„Da soll es doch tatsächlich ruchlose Burschen geben, die die Abwesenheit des Herrn nutzen und sich nachts in fremde Fincas schleichen. Ehrlose Strolche sind das, die ihre Jugend nutzen und den Verführer spielen. Und es gibt schwache, liederliche Frauenzimmer, die dem nicht genug entgegensetzen, der Versuchung

erliegen und ihren Gatten heimlich und herzlos betrügen."
„Pfui, wie unanständig!" rief Doña Isabel.
„Nicht wahr?" meinte Don Martínez. „Liederlich und verdorben ist das. Du würdest so etwas wohl niemals tun?"
Und die schöne Isabel beeilte sich, ihm zu versichern, dass sie an solch unvorstellbare Scheußlichkeiten nicht einmal denken würde.
„Und dennoch ist es passiert", seufzte Don Martínez, „einem meiner Geschäftsfreunde ist es passiert. Ich will den Namen nicht nennen, um den armen Kerl nicht noch mehr in Verlegenheit zu bringen. Niemand soll etwas von der Sache erfahren – eine schwierige Angelegenheit, in der man nur schwer einen Ratschlag erteilen kann. Aber Abhilfe muss dennoch geschaffen werden, denkst du nicht auch?"
Das dachte Doña Isabel auch und nickte heftig mit dem Kopf.
„Nun bin ich ja gottseidank der gescheiteste Mann hier auf der Insel", sagte Don Martínez bescheiden. „Ich habe dem Geschäftspartner also folgendes geraten: Du musst von deinen Leuten eine Person auswählen, die dein volles Vertrauen genießt, die soll, wenn du weg bist, deine Frau auf Schritt und Tritt bewachen und vor Fehltritten behüten. Eine Frau wäre gut, aber alte Weiber schlafen leicht ein und hören nicht alles, was geschieht. Und junge Weiber machen mit der Untreuen womöglich gemeinsame Sache oder drücken ein Auge zu. Also bleibt nur noch ein Mann, der zudem nachts das Haus vor Dieben und Einbrechern schützt. Aber ein Mann muss es sein, auf den du dich hundertprozentig verlassen kannst."
Als Don Martínez so weit gekommen war, sah er seine Frau prüfend an.

„Eine solche Auswahl ist schwer", fuhr er dann fort. „Wenn du in einem solchen Falle entscheiden müsstest – welchen von unseren Leuten würdest du nehmen?"
Er hatte sich indes vorgenommen, auf die ersten drei Namen, die sie nannte, besonders zu achten. Wenn eine Frau nämlich einen Burschen beim Namen nennt, dann denkt sie auch heimlich an ihn. Wenn man es also klug und richtig anstellen wollte, so durfte es wohl keiner der Genannten sein. Doña Isabel dachte nach.
„Der alte Pedro", sagte sie schließlich.
„Nein, nur nicht der!" rief Don Martínez. „So ein alter Trottel, der weder schreiben noch rechnen kann. Eine treue Seele ist er ja, aber auch reichlich beschränkt. Wie schnell könnte ein Gerissener ihn ablenken und täuschen. Nein, Pedro nicht. Fällt dir nicht sonst jemand ein?"
Doña Isabel dachte weiter nach, und sie tat es ehrlich um eine Lösung bemüht und ohne Arg.
„Felipe", meinte sie dann.
„Ganz und gar nicht, niemals Felipe!" rief Don Martínez.
„Aber Felipe ist ein braver, fleißiger Mann, er hat eine Frau und sechs Kinder."
„Eben darum. Erstens braucht seine Familie ihn, und zweitens sind es oft gerade die verheirateten Männer, die der Teufel sich aussucht, um sie in Versuchung zu führen. Nein, Felipe kommt nicht infrage. Denk nach, fällt dir nicht jemand anderes ein?"
Doña Isabel gab sich alle Mühe und dachte angestrengt nach. Schließlich sagte sie zögernd:
„Vielleicht Ernesto, der Knecht aus El Paso?"
Einen Moment lang schien Don Martínez verwirrt, denn Ernes-

to war ein besonders hässlicher Bursche. Er schielte fürchterlich, hatte nur noch zwei oder drei Zähne im Mund und stank, weil er sich selten wusch, wie ein Ziegenbock gegen den Wind. Wie war Isabel nur auf ihn gekommen?

„Unmöglich", entschied er dann. „Ernesto ist ein Mann, den das Schicksal gezeichnet hat. Solche Menschen haben wenig Glück im Leben und sind umso mehr geneigt, Chancen, die sich ihnen unverhofft bieten, hemmungslos für sich zu nutzen. Willst du den armen Kerl in eine solche Zwickmühle bringen?"

Nein, das wollte Isabel nicht, und so schüttelte sie den Kopf, denn nun fiel ihr wirklich keiner mehr ein.

Don Martínez aber fühlte sich in seiner Meinung bestärkt, dass eine solche Wahl äußerst schwierig sei, denn die Welt ist voller Zweifel und besteht fast ausschließlich aus Wesen, die einer Versuchung erliegen können. Also nannte er aufs Geratewohl einen Mann, den er persönlich für durch und durch zuverlässig hielt. Das war Enrique, sein Vorarbeiter in der Plantage.

Die schöne Isabel erbleichte, als sie den Vorschlag ihres Mannes hörte, denn Enrique war ein kräftiger, ansehnlicher Kerl, einer, der sie mehr als einmal so seltsam angesehen hatte, dass sein Blick ihr durch alle Glieder fuhr.

„Oh, warum gerade der?" rief sie. „Der ist unverheiratet und jung, er scheint mir ein Draufgänger zu sein, einer, der weiß, was er will!"

„Umso besser", sagte Don Martínez. „Solche Leute haben Mut und wollen es einmal zu etwas bringen. Ich finde, dass Enrique genau der Richtige ist."

„Und du willst ihn wirklich deinem Geschäftspartner empfehlen?" fragte Doña Isabel.

„Nein", meinte Don Martínez, „ich wär ja dumm, meinen besten Vorarbeiter an die Konkurrenz abzugeben. Ich hab' es mir anders überlegt. Er bleibt hier und macht genau das, was wir besprochen haben, bei uns auf der Finca."

Da erbleichte die schöne Isabel und wurde von Unruhe erfasst. Don Martínez nahm das für ein gutes Zeichen und bemerkte noch:

„Nicht, dass du denkst, ich würde dir gegenüber Misstrauen hegen. Aber es scheint mir klug und vorausdenkend zu sein, während meiner Abwesenheit die Finca in sicheren Händen zu wissen und dich – man durchschaut die Wege des Teufels nie – vor künftigem Schaden zu bewahren."

Danach ging er weg, um seinen Entschluss dem Enrique mitzuteilen, und ließ die zitternde Isabel in ihrer Ungewissheit zurück. Enrique indes erwies sich als die bestmögliche Wahl; er erfüllte seine Aufgabe gut und beschützte die Herrin mit Leib und Seele. Schon während Don Martínez' nächster Geschäftsreise verbrachte er den ganzen Tag im Hause und wandte kein Auge von Doña Isabel. Auch des Nachts blieb er bei ihr, und die schöne Isabel erfuhr überrascht und entzückt, wie ernst er seine Arbeit nahm und wie gut und ausdauernd er sie machte.

Jedesmal, wenn Don Martínez in Santa Cruz weilte, bekam er kräftig die Hörner aufgesetzt, ohne dass irgendjemand davon erfuhr. So lebten alle drei noch lange glücklich und zufrieden. Don Martínez zeugte auf diese Weise sogar drei Kinder und glaubte in seiner überaus großen Eitelkeit bis zu seinem Tod, dass er der Vater sei.

Der Vulkanteufel

Im Norden der Insel La Palma, vor allem um die Ortschaft Tijarafe herum, gibt es ein seltsames Brauchtum, das sich alljährlich wiederholt und den unvorbereiteten Besucher maßlos erschreckt.
Da strömen gegen Abend die Menschen auf den Straßen und Plätzen zusammen, wie es auch bei Fiestas für gewöhnlich der Fall ist. Allerdings will diesmal keine rechte Fröhlichkeit und heitere Ausgelassenheit aufkommen. Nein, es herrscht eine eher angespannte, gereizte Stimmung, so als erwarte man etwas wenig Angenehmes. Junge Mädchen flanieren in Grüppchen auf der Straße und kichern überdreht, die Jungen lungern im Stil amerikanischer Westernhelden vor den Bars herum, und die neugierigen Alten drücken sich tiefer als sonst in den Schatten. Auf dem Platz vor der Kirche spielt die Musik, tanzen die Leute dicht gedrängt Samba. Irgendwann in der Nacht kommt Unruhe in den Straßen auf. Dann nahen die Puppen: der König und die Königin, riesengroß und in kostbaren Gewändern, um sie herum eine Schar Zwerge mit fratzenhaften Gesichtern. Die

Puppen tanzen zum Kirchplatz hoch und mischen sich dort unter das Volk.

Und dann geht es los: Plötzlich taucht aus dem Nichts der Teufel auf und springt zwischen die erschrockenen Leute, dass sie kreischend auseinanderstieben. Schrecklich sieht er aus, schwarz und groß wie zwei ausgewachsene Männer übereinander. Seine Augen glühen, drohend schwenkt er den riesigen Dreizack – und er ist von Feuer umgeben.

Es stinkt, zischt, knistert, heult, kracht und knallt, wo er auftaucht; glühende Funken sprüht er und zieht einen brennenden Kometenschweif hinter sich her. Die Menschen fliehen, und der Teufel setzt ihnen nach. Übermütige junge Männer versuchen, ihren Mut zu beweisen, indem sie sich ihm in den Weg stellen oder sich heranmachen, um ihn blitzschnell durch einen Fauststoß zu Fall zu bringen. Die meisten von ihnen müssen ihren Übermut damit bezahlen, dass sie sich fürchterlich die Finger verbrennen, und das ist noch nicht das Schlimmste, denn der Teufel schleudert in seiner Wut glühende Feuerräder um sich herum.

Die wenigsten nur sehen – was ansonsten alle wissen – dass unter der Verkleidung ein Mensch steckt, der eine Nacht lang den Diablo del Volcán, den Vulkanteufel, spielt. Sein Gewand ist über und über mit Feuerwerkskörpern behängt, die immer wieder von heimlichen Helfern in Brand gesetzt werden, denn Brennen, Heulen, Zischen und Explodieren gehört zu dem Spektakel, je lauter desto besser.

Die Rolle des Vulkanteufels ist nicht ganz ungefährlich; gelegentlich kommt es vor, dass sich der Teufel selbst an seinen höllischen Utensilien verbrennt Dann steht plötzlich sein Rock in Flammen, und alles hängt davon ab, ob die Helfer schnell genug zur Stelle sind, um das Feuer zu ersticken. Vor kurzem erst ist ein Diablo del Volcán bei lebendigem Leibe verbrannt. Dennoch gibt es jedes Jahr mehr Freiwillige als nötig wären, um den Vulkanteufel erscheinen zu lassen.

In den Dörfern rings um Tijarafe steht der Diablo del Volcán hoch im Kurs, höher noch als der Torero und der Ringkämpfer beim Lucha Canaria. Die Kirche hat, da sie das Treiben nicht unterbinden konnte, den Vorgang einfach sanktioniert – wie sie es im spanischen Kulturkreis überhaupt erstaunlich gut verstanden hat, die alten, vorchristlichen Bräuche und Feste zu übernehmen und so das Volk an sich zu binden.

Der Mythos vom Vulkanteufel und das mit ihm verbundene Brauchtum geht natürlich auch auf die Ureinwohner La Palmas zurück.

Als La Palma noch Benahoare hieß, und die fruchtbaren Täler Platz für viele freie Guanchenstämme boten; als die Tigotan, die verschiedenen Himmel, freundlich Schutz für Mensch, Tier und Pflanze spendeten, so dass alle darunter leben konnten wie in einem friedlichen Garten; als in Hiscaguán, dem Gebiet um den Barranco de la Cueva Grande herum, der oberste Mencey der Insel wohnte: da kannten die Menschen nur eine Furcht, dass nämlich der böse Geist aus den dampfenden Bergen wach werden, sich erheben und sengend und brennend über die Menschen kommen könnte. Vor seinem Zorn hatten sie Angst, denn mehr als einmal mussten sie erleben, zu welchen gewaltigen Ausbrüchen er fähig war: Da sprangen Berge unter Donnergetöse hoch in die Luft, da zitterten die Himmel und bebte der Boden von des Geistes schrecklichem Gebrüll. Da floss Feuer von den Felsen herab, rotglühender, kochender Erdbrei, der nicht aufzuhalten war und der alles unfruchtbar werden ließ, was er berührte. Gewaltige Rauchwolken spie der Geist, beißenden Rauch, mit Asche vermischt, der die Sonne fraß und die Tage zu finsterer Nacht werden ließ.

Da half nur Flucht, Flucht und Vergessen. Flucht war angezeigt, wenn es bestimmte Vorzeichen gab: wenn das Abendrot zu violett geriet, der Himmel verräterisch blauschwarz war und die Rücken der Berge sich zu schütteln begannen wie Tiere, die aus tiefem Schlaf erwachen. Kam die erste Lava, so musste man sofort aufbrechen und notfalls alles zurücklassen, was einem lieb und teuer war.

Die meiste Zeit aber herrschte bei den Menschen Vergessen. Täglich vergaßen sie und erstaunlich schnell. Nur so ist es zu erklären, dass sie sich den Bergen wieder näherten, kaum dass deren Knurren verklang. Wo Lava geflossen war, errichteten sie erneut ihre Hütten und rangen dem Boden etwas Fruchtbarkeit ab. Sie lebten gern in der Nähe der Vulkane und schworen darauf, dass von ihnen heilsame Strahlen ausgingen.

Einst, in grauer Vorzeit, schloss der oberste Mencey der Insel mit dem bösen Geist der dampfenden Berge einen Vertrag: Der Mencey brachte ihm an bestimmten Tagen Opfer dar, und überdies durfte der Geist einmal im Jahr unter die Menschen fahren, um sie tüchtig zu jagen und zu erschrecken. Als Gegenleistung versprach der Dämon, für den Rest des Jahres Ruhe zu geben und niemandem etwas zuleide zu tun.

Um seinen jährlichen Schabernack und groben Unfug mit den Menschen treiben zu können, wählte er als Hülle und Verkleidung den Körper eines Jünglings, der mutig genug war, sich freiwillig zur Verfügung zu stellen. Blitze, Funken und sprühendes Feuer schleuderte er dann um sich, gleichgültig, ob jemand dabei zu Schaden kam oder nicht. Auch das Schicksal der Jünglinge interessierte ihn nicht; es heißt, dass einige von ihnen die außerordentliche Belastung nicht mit heilem Geist überstanden haben.

Solange es in Tijarafe junge Männer gab, die bereit waren, dem Dämon einmal im Jahr zu dienen, soll er nie über die Menschen hergefallen sein.

Tatsächlich hat es nördlich des Barranco de las Angustias nie einen Ausbruch gegeben; die kritische Zone zieht sich am Rand des Aridanetals über den Rücken des Cumbre Nueva hinweg in den Süden hinab, wo auch die letzten großen Ausbrüche stattfanden: 1949 der Vulkan von San Juan und 1971 der Teneguía bei Fuencaliente.

„Siehst du", sagen die alten Männer, die auf den Steinbänken im Schatten der Bäume sitzen, rund um die Plaza vor der Kirche in Tijarafe, „siehst du, da hast du den Beweis: es ist eben doch etwas dran am Vulkanteufel..."

Die Drachenbäume

Ganz früher, am Beginn aller Zeit, gab es außerordentlich seltsame Tiere: zu einem Drittel waren sie Fisch, zu einem Drittel Landtier und zu einem Drittel Vogel. Die Stammeltern hatten sie aus einer Laune heraus geschaffen und nannten sie Drachen. Diese Tiere konnten im Wasser leben, über Land kriechen und, wenn sie wollten, auch fliegen. Es gab nicht viele davon, auf jeder Insel lebte nur einer. Sie waren weder männlich noch weiblich, vermehrten sich also auch nicht und waren aus diesem Grunde natürlich unsterblich. Dicht an den Kratern, hoch oben in den Roques besaßen sie ihre Nester, wo sie schliefen. Da sie unsterblich waren, brauchten sie auch nicht zu fressen; die Wärme der Sonne allein war ihre Nahrung, und wenn dies nicht reichte, so flogen sie in den Krater und fischten sich glühende Lava. Oft aber auch brauchten sie Abkühlung; dann schwammen sie weit ins Meer hinaus und tauchten bis zu den tiefsten Stellen hinab.

Wie aber sahen die Inseln zu jener Zeit aus? Karge, zerklüftete Felsen bildeten sie, viele von ihnen bedeckte Lava, und sie suchten noch ihre endgültige Form. Die Erde war jung, sie atmete, hob und senkte sich, brach auseinander und formte sich neu.

Auch waren die Vulkane viel heißer als heute. Viele spien Feuer und bliesen Rauchsäulen weit in den Himmel hinein.

Zu dieser Zeit gab es noch keine Menschen, es gab keine Bäume und so gut wie überhaupt keine Pflanzen, die als Nahrung hätten dienen können. Der Mensch erst hat die Ordnung geschaffen, Terrassen angelegt und die Felder bewässert, denn dies entspricht seinem Wesen. Vorher aber war die Erde ein wüstes Gebilde, wild und wenig zur Ernte geeignet.

In dieser Wildnis, die ständig anders aussah, weil sie von Tag zu Tag sich vernichtete und neu zusammensetzte, hausten die Drachen als alleinige Herrscher und Besitzer der Inseln. Sie dachten nicht nach und mussten sich wenig sorgen, denn die Zeit war günstig für sie, und sie waren ein Teil der Zeit Sie saßen einfach da und träumten, mehr brauchten sie nicht zu tun. Wenn sie Hunger verspürten, flogen sie hoch, wenn sie Durst bekamen, tauchten sie unter, und wenn sie müde wurden, blieben sie zum Ausruhen auf dem Grund des Meeres.

Da dies alles sehr einfach und wenig abwechslungsreich schien, schufen die Stammeltern die ersten Menschen, Tiere und Pflanzen. Die kamen nun, füllten die Inseln mit buntem Leben und begannen, sich überall auszubreiten. Das war möglich geworden, weil viele Vulkane inzwischen erloschen waren und die Lava langsam zu fruchtbarer Erde wurde. Nur zu den Kratern, die noch Rauch sandten und Feuer spien, wagte sich niemand.

So geschah es, dass die trägen Drachen in ihren Nestern lange nicht merkten, dass sie nicht mehr allein waren. Als sie es gewahr wurden, flogen sie staunend auf und betrachteten das Gewimmel unter sich, das kaum rasten und ruhen wollte.

Einige von ihnen landeten auf der Erde, um sich die Menschen und Tiere von Nahem anzusehen. Die Drachen waren jedoch sehr groß, wirkten plump und sahen sonderbar aus – zu einem Drittel Fisch, zu einem Drittel Landtier und zu einem Drittel Vogel – so dass niemand in ihrer Nähe bleiben wollte. Die Menschen fürchteten sich, die Tiere flohen, und selbst die Pflanzen verdorrten, wenn ihr heißer Atem sie traf.

Da flogen die Drachen zu ihren Nestern zurück und wollten von den Inseln nichts mehr wissen. Aber wo sollten sie hin? Zwei, Azara und Atlaza, erhoben sich endlich und stiegen hoch in den Himmel, um weiter zu fliegen als jemals zuvor. Sie verschwanden irgendwo in der Ferne, und niemand hat sie je wieder gesehen.

Zwei andere, Gorgas und Gondro, glitten ins Wasser und schwammen weit in die See hinaus, um sich tiefe Gründe zum Ausruhen zu suchen. Fremde Seefahrer begegneten ihnen zuweilen und wussten davon zu berichten.

So blieben noch drei Drachen; die aber mochten sich nicht von ihren Inseln trennen. Da beschloss Atla, männliches Geschlecht anzunehmen und Azla weibliches, denn sie wollten Nachkommen haben wie die Menschen und Tiere. Auf alle Inseln flogen sie und vereinigten sich in Liebe; auf den Berggipfeln bauten sie Nester, legten Eier hinein und brüteten sie aus. Da es aber so viele Inseln gab und noch mehr Berggipfel darauf, konnten sie nicht überall gleichzeitig ihre Nachkommenschaft bewachen. Raben, Krähen und Falken fielen über die Nester her und plünderten sie aus, und Atla und Azla hetzten herum, um die frechen Vögel zu vertreiben.

So kam es, dass sie bald erschöpft waren und ebenfalls in den Tiefen des Meeres Zuflucht suchten wie Gorgas und Gondro zuvor; niemals kehrten sie von dort zurück. Ihre Nachkommen aber, die wenigen, die das gierige Nachstellen durch die Vögel überlebt hatten, mussten sich ganz klein machen, damit sie von den Räubern übersehen wurden. Das sind die Eltern der kleinen Drachen, die heute überall auf den Inseln leben. Auf Schritt und Tritt findet man sie: fischartig geschuppt, mit Fischschwänzen und Fischmäulern und dazu mit vier Beinen, um schnell über die Erde laufen zu können, denn noch immer suchen die Vögel nach ihnen und betrachten sie als wohlschmeckende Beute. Nur fliegen können die kleinen Drachen nicht mehr.

Als nun Atla und Azla verschwunden waren, gab es noch einen einzigen Drachen auf den Inseln: Azranda, den schönsten von allen. Flammend rot wie ein Strauch blühender Bougainvilleas war er und dunkelblau wie wolkenloser Himmel, mit leuchtend grünen Schuppen in seinem Panzer. Er fühlte sich unglücklich und einsam so allein. Wehmütig flog er dahin und sah, dass auf Hierro und den anderen Inseln keine Bleibe mehr für ihn war. Da weinte Azranda, schüttelte sich schluchzend in der Luft und verlor Schuppe um Schuppe aus seinem Panzer. Als er völlig nackt und wehrlos war, flog er zum Teide und stürzte sich kopfüber in den glühenden Krater, um in der großen Hitze zu zerschmelzen.

Die schönen grünen Schuppen aber, die aus seinem Panzer zur Erde gefallen waren, senkten sich in den Boden und schlugen dort Wurzeln. Überall, wo dies geschehen war, keimte im Jahr darauf ein kleiner Baum. Das sind die Drachenbäume; sie wachsen auf allen Inseln, hauptsächlich jedoch auf Hierro, La Palma und Gomera, wo Azranda die meisten Schuppen verloren hat. Unendlich langsam wuchsen die Bäumchen. Als die ersten die

(Größe von Opuntien hatten, waren die Menschen, die sie noch als Keimlinge kannten, schon Greise. Hundert Jahre vergingen, schließlich tausend – da waren die Drachenbäume erst richtig groß. Gewaltige Stämme besitzen sie und dichte Kronen wie die Schuppenpanzer von Drachen. Das Holz ihrer Stämme ist so hart und fest, dass die Menschen Boote daraus bauten, die niemals zerbrachen und niemals sanken. Viele Boote bauten sie und waren dankbar für Azrandas Geschenk. Wo Azrandas Schuppen jedoch dichter gefallen waren und die Drachenbäume daher im Hain zusammenstehen, da trafen sich die Menschen in Andacht, und die Menceys hielten dort ihre Versammlungen ab und saßen zu Gericht.

Es gibt auch Drachenbäume, die stehen im dichten Kreis, so dass außen Sonne und innen Schatten ist. Diese Drachenbaumringe galten als heilig. Weise Leute, die sich hier niederließen, um nachzudenken, spürten die Macht eines solchen Ortes, und manche von ihnen behaupteten gar, dass die Drachenbäume mit ihnen sprächen. Als nämlich die Schuppen aus dem Drachenpanzer zur Erde glitten, da hat der Wind sie berührt und ihnen Botschaften aus der alten Zeit mitgegeben. Wer also richtig hinhört und der Sprache von damals lauscht, der kann noch heute verstehen, was die Drachenbäume zu sagen haben.

Erläuterungen

Abora: siehe Märchen „Regenzauber"
Barranco: Schlucht
Barranco de las Angustias: Schlucht der Todesängste
Barranco de Valerón: Schlucht von Valerón
Bodega: kühle Höhle, in der Wein gelagert wird; häufig auch ein kleiner Weinausschank mit Imbiss
Bougainvillea: Busch- bis baumgroße Pflanze mit violetten, roten, orangenen, gelben oder weißen Blüten, die eigentlich von der Südsee stammt und auf den Kanarischen Inseln eingeführt wurde.
Caldera: Kraterkessel
Caldera de Taburiente: Kessel des Taburiente; Name des Vulkankraters auf La Palma
Cerveza: die spanische Bezeichnung für Bier
Cumbre: Bergrücken
Cumbre Nueva: Name eines Bergrückens auf La Palma
Drachenbäume: eigentlich keine Bäume, sondern eine riesige Blume (Lilie) aus der Urzeit
Finca: Gutshof
Gofio: Hauptnahrungsmittel der Ureinwohner, eine Art Mehlbrei, der aus gebrannten Getreidekörnern, Weizen oder Mais besteht. Früher wurde Gofio auch aus Farnwurzeln hergestellt
Guanche: so nannten sich die kanarischen Ureinwohner selbst
Harimaguada: Priesterinnen der kanarischen Ureinwohner

Helado: spanische Bezeichnung für Speiseeis
Hernán Peraza: spanischer Eroberer von Gomera
Hirguan: ein hundeartiger Dämon
Idafe: der heilige Berg der Guanchen auf La Palma
Konquistador: Bezeichnung für die spanischen Eroberer
La Dama: ein Dorf auf Gomera
Levante: der Ostwind, der von Afrika bläst
Los Llanos de Aridane: Stadt im Westen der Insel La Palma
Lucha Canaria: Sportart der Guanchen, eine Art Ringkampf
Mencey: König der Guanchen
Moneiba: Siehe Märchen „Regenzauber"
Obsidianspitzen: Arbeitsgeräte aus verglastem Vulkangestein
Opuntie: ein mexikanischer Kaktus mit essbaren, sehr gut schmeckenden, gelben und roten Feigenfrüchten und großen, ohrenartigen Stachelpolstern
Palmvogel: eine bunte Vogelart
Puntagorda: Dorf im Nordwesten von La Palma
Roque Sombrero: Name eines Vulkans auf Gomera
San Roque: Name eines Vulkans
Sprunglanze: ein kräftiges Holz, das zum Stabspringen benutzt wird
Stabspringen: Sportart der kanarischen Ureinwohner, besonders der Hirten
Teabaum: die kanarische Kiefer
Teide: der höchste Vulkanberg der Kanarischen Inseln auf Teneriffa
Tigaiga: Name eines Vulkans

Lesen Sie auch von Harald Braem:

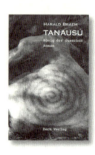

**Tanausú
König der Guanchen**
Roman von Harald Braem

1492, im gleichen Jahr, in dem Kolumbus nach Amerika aufbricht, erobert der Spanier Alonso de Lugo die Kanareninsel La Palma. Vor der Kulisse eines unserer beliebtesten Ferienparadiese entwirft Harald Braem das Panorama einer versunkenen Kultur und schildert in diesem spannenden Unterhaltungsroman den Freiheitskampf der Ureinwohner La Palmas unter ihrem heldenhaften König Tanausú.

»Kompliment! So kann man den Menschen Geschichte näher bringen!« *(Offenbach Post)*

ISBN 978-84-933108-0-6

**Auf den Spuren
der Ureinwohner**
Archäologischer Reiseführer von Harald Braem

Spannende Entdeckungstouren auf Teneriffa, Gran Canaria, La Palma, La Gomera, El Hierro, Lanzarote, Fuerteventura. Der bekannte Buch- und Filmautor Harald Braem forscht seit 25 Jahren auf den Kanaren. Folgen Sie ihm auf den Spuren der Ureinwohner zu Kultplätzen, Höhlen, Pyramiden und zu rätselhaften Zeichen einer geheimnisvollen, versunkenen Kultur...

Museen, praktische Tipps, Literaturhinweise. Mit zahlreichen Illustrationen.

ISBN 978-84-934857-3-3

Tod im Barranco
Kanaren-Thriller
von Harald Braem

Eine Reihe mysteriöser Verbrechen sorgt auf den Kanareninseln La Gomera, Teneriffa und Gran Canaria für Aufregung. Wer steckt dahinter? Die Polizei steht vor einem Rätsel. Ein getöteter Drogenkurier im Barranco. Ein homosexuelles Urlauberpaar. Ein Schriftsteller mit seiner Freundin auf der Suche nach der richtigen Location auf Gomera. Ein kauziger alter Mann mit Fernglas. Und der Wahnsinn geht erst richtig los...

ISBN 978-84-938151-5-8

Der Vulkanteufel
Kanaren-Thriller
von Harald Braem

Harald Braems fantastische Geschichte spielt auf der kanarischen Insel La Palma. Unvermittelt bricht Unheimliches in das Gleichmaß des Pauschaltourismus ein und führt uns an magische Orte, zu dunklen Ritualen im Schatten mächtiger Vulkane.

Der Vulkanteufel, mitreißend wie ein Thriller, lässt Gegenwart und Vergangenheit zu einer eigenen Wirklichkeit verschmelzen. Gleichzeitig wirft der Roman ein Schlaglicht auf die Probleme unserer Zeit.

ISBN 978-84-934857-2-6

Alexander von Humboldt
Seine Woche auf Teneriffa 1799,
von Alfred Gebauer

Alexander von Humboldts erste Station zu Beginn seiner fünfjährigen Forschungsreise nach Südamerika war die Insel Teneriffa. Er bestieg den Vulkan Teide und maß dessen Höhe mit außerordentlicher Genauigkeit, studierte die Insel in geologischer, botanischer, astronomischer Hinsicht und entwickelte seine Wissenschaft von der Pflanzengeographie.

Originaltexte und Zeichnungen aus Humboldts historischem Reisebericht. Zahlreiche Illustrationen und Erläuterungen zur Natur und Geschichte Teneriffas. Vorwort von Ottmar Ette
ISBN 978-84-934857-6-4

Unter dem Drachenbaum
Kanarische Legenden

Horst Uden hat den kanarischen Archipel in den 1930-er Jahren besucht und Erzählungen von allen Inseln aufgezeichnet. Er schildert Märchen und Mythen, Piratenabenteuer, Liebesgeschichten, Volksweisheiten, Anekdoten.
ISBN 978-84-933108-2-0

Der König von Taoro
Historischer Roman
von Horst Uden

»Ein Werk, an dem niemand achtlos vorbei geht.« *(Francisco. P. Montes de Oca García (†), Historiker des kanarischen Archipels)*
ISBN 978-84-933108-4-4

Weitere Bücher aus dem Zech Verlag

Tod am Teide
Teneriffa-Krimi von Irene Börjes
ISBN 978-84-934857-0-2

Sodom und Gomera
Kriminalroman von Mani Beckmann
ISBN 978-84-934857-7-1

Das Drachenbaum-Amulett
Der Krimi-Erstling von
Volker Himmelseher
ISBN 978-84-934857-8-8

Tödliche Gier
Der 2. Fall von Inspektor Martín und
Kriminalpsychologin Dr. Teresa Zafón,
Teneriffa-Krimi von Volker Himmelseher, ISBN 978-84-938151-4-1

Mord nach Missbrauch
Der 3. Fall... von Volker Himmelseher
ISBN 978-84-938151-3-4

Der Schattenmann
Der 4. Fall... von Volker Himmelseher
ISBN 978-84-938151-7-2

Tödlicher Abgrund
Gran Canaria-Kriminalgeschichten
von Karl Brodhäcker
ISBN 978-84-934857-5-7

Harraga
Im Netz der Menschenhändler
Politischer Kriminalroman von
Antonio Lozano, dt. Erstausgabe im
Zech Verlag, ISBN 978-84-938151-1-0

Spanisch im Alltag
Ein praktischer Sprachführer von Luis
Ramos, ISBN 978-84-934857-1-9

Der Inseltraum. Teneriffa
Story einer Aussteigerin von Marga
Lemmer, ISBN 978-84-934857-4-0

Gefühle inklusive
Urlaubslieben und was aus ihnen
wurde, von Andrea Micus
ISBN 978-84-938151-0-3

Galerie der kanarischen Volksbräuche
Die schönsten kanarischen Traditionen
in der naiven Malerei von Ángeles
Violán, Texte von Rafael Arozarena,
geb. Ausgabe, illustriert mit 45 farbigen Bildern, ISBN 978-84-933108-9-9

www.zech-verlag.com